KB196044

소득혁명

소득혁명

DON'T START A SIDE HUSTLE!

당신의 자산이 스스로 일하게 하라

브라이언 페이지

김정혜 옮김

서3삼독

아버지께

제가 J. R. R. 톨킨 같은 위대한 작가는 아니지만

이 책을 당신께 바칩니다.

일하지 않고도 돈과 시간이 풍요로운 사람들,
우리는 그들을 '패시브프러너'라 부른다

의사가 조심스럽게 말했다. "몇 분 시간을 드릴 테니 마지막 인사를 하세요. 여러분이 준비되면 제가 돌아와 인공호흡기를 떼겠습니다. 그런 다음 아버님을 편안히 보내드리시죠."

시간을 되돌려 몇 시간 전으로 가보자. 나는 어머니의 전화를 받고 날벼락 같은 이야기를 들었다. 아버지가 침실에서 쓰러지셨다는 소식이었다. 어머니는 정신이 나가신 듯 보였다. 나는 허둥지둥 전화를 끊고 곧장 출발해 네 시간을 달려갔다. 가는 내내 초조했다. 아버지가 돌아가셨을까 봐, 임종을 지킬 수 없을까 봐. 네 시간이 너무도 길게 느껴졌다.

병원에 도착하니 어머니와 여동생이 비좁은 중환자실에서 아버지 곁을 지키고 있었다. 아버지는 온갖 튜브와 모니터에 연결된 채

누워 계셨다. 인공호흡기를 통해 아버지의 폐로 공기가 들어가고 나오는 소리만이 적막한 병실을 가득 채웠다.

"네 아버지의 뇌 기능이 완전히 멈추었다는구나."라고 어머니가 나지막한 목소리로 말씀하셨다. "인공호흡기로 간신히 숨은 쉬지만 병원에 도착한 뒤로 손가락 하나도 까딱하지 않으셨어." 나는 이 상황을 믿을 수가 없었다. '지금 내 앞에 누워 있는 사람이 내 아버지일 리가 없어.' 병상에 누운 채 내 눈앞에 있는 육신은 아버지의 몸이 맞았다. 그런데 정말 '아버지'가 저기에 계실까?

몇 달 전으로 시간을 거슬러 올라가보자.

어느 날 아버지의 목과 양쪽 겨드랑이 주변에서 혹이 몇 개 발견되었다. 아버지는 악성 흑색종 4기 판정을 받았다. 의료진은 암세포가 복부 장기들로 전이되었다고 진단했다. 하지만 아버지가 얼마나 더 사실지는 의사들도 몰랐다. 정신을 잃어 병원으로 실려 오기 며칠 전 아버지는 어머니에게 시간이 얼마 남지 않은 것 같다고 말하셨다. 아버지는 평소 과장해서 말하는 분이 아니었기에 아버지의 그 말에 우리 가족 모두는 명치를 얻어맞은 기분이었다.

아버지가 4기 흑색종 진단을 받으신 뒤로 나는 몇 달간 부모님 집을 정기적으로 방문했다. 만날 때마다 아버지의 건강은 눈에 띄게 나빠졌고 몸은 점점 쇠약해졌다. 아버지가 집에서 요양하는 동안 우리 부자는 인생에 대해 많은 대화를 나누었다. 세상의 모든 아들이 아버지와 나누고 싶어 할 법한 부자지간의 대화였다. 지금 돌아보면 아버지와 이토록 의미 있는 시간을 보낼 수 있었다는 것에 그저 감사할 따름이다.

그러던 어느 날 아버지가 약을 드시고 일찍 잠자리에 드신 후였다. 어머니는 내가 도착하기 전날 아버지가 했던 말씀을 들려주셨다. 전혀 뜻밖의 이야기였다.

"네 아버지가 어제 많이 고통스러워하셨어. 지금껏 네 아버지의 눈물을 본 적이 없는데 어제는 완전히 무너지셨단다. 네 아버지가 뭐라고 했는지 아니? 아직은 이 세상을 떠날 준비가 안 됐다고, 인생을 살면서 하고 싶었던 일들을 하나도 못 했다고 하셨어."

나는 어머니의 이야기를 조용히 듣고 있었다.

"네 아버지는 어릴 적 비행기에 흠뻑 빠져 비행기 조종사가 되고 싶었대. 하지만 할아버지가 결사반대하셨고, 다시는 조종사가 되고 싶단 말을 입에도 올리지 말라고 하셨나 봐. 그래서 네 아버지는 조종사의 꿈을 완전히 포기하셨다는구나."

아버지에게 그런 사연이 있는 줄은 꿈에도 몰랐다. 막연히 아버지는 원하는 모든 것을 다 해보셨겠거니 생각했다. 정작 아버지는 자신이 원하는 일을 하나도 하지 못 했다고 생각하신 거였다. 그러면서도 우리에게는 그런 기색을 조금도 내비치지 않으셨다.

아버지는 수십 년 동안 목사로 봉직하셨다. 아버지는 목회자의 길을 소명이라 여겼지만 그토록 오랜 세월 설교자로 살아온 끝에 탈진하고 말았다. 아버지의 다음 직업은 목회자의 삶과는 아주 거리가 멀었다. 케이블 회사 콜센터 직원이었다.

아버지는 뛰어난 텔레마케팅 능력으로 지역에서 늘 1, 2위의 실적을 다투었다. 고객들이 전화기 너머로 쏟아내는 막말과 언어폭력을 수없이 당하고도 여전히 미소 지을 수 있는 자신을 아버지는 자랑스럽게 여겼다. 격분한 고객들은 아버지에게 악담을 퍼부었다. 어떤 사람은 게임 중에 인터넷 연결이 끊겼다며 전화에 대고 고래고래 소리를 지르며 애먼 아버지에게 분풀이했다. 그런 와중에도 아버지는 석 달 치 요금이 연체되어 서비스가 중단되었다고 정중하게 설명했다.

높은 실적과는 별개로 아버지는 콜센터 일을 끔찍이도 싫어하셨다. 콜센터에서는 근무 시간 1분 1초가 기록되었다. 꾹 참다가 급하게 화장실에 달려가는 시간도 그랬다. 점심시간이 짧아 부리나케 식사를 마치고 달랑 1분 늦게 복귀했지만 아버지는 징계를 받았다. 매일 파김치가 되어 퇴근했고 곧장 침대 위에 나무토막처럼 쓰러졌다. 몇 시간 후 간신히 몸을 일으켜 저녁을 드신 후에는 또다시 침대에 누워 밤새 곯아떨어졌다. 그러고는 이튿날 새벽 4시에 일어나셨다. 그 순간부터 전날과 똑같은 하루가 쳇바퀴처럼 반복되었다.

이렇게 열심히 살았으니 고생 끝에 낙이 왔을까? 일흔이 되도록 아버지는 경제적으로 여유가 없었다. 어떤 종류든 저축 하나도 들지 못했다. 콜센터 일은 블랙홀처럼 아버지의 시간과 에너지를 빨아들였고 인생의 황금기마저 몽땅 앗아갔다. 잔인하고도 가혹한 업무였다. 아버지는 오직 어머니와의 생계를 위해 그 힘든 일을 감내하셨다. 나는 아버지의 이런 점을 정말 깊이 존경한다.

아버지가 흑색종 진단을 받기 1년 전 내가 말했다. "아버지, 콜센터 일이 아버지를 죽이고 있는 것 같아요. 제가 도와드릴게요. 아버지 빚을 전부 갚아드리고 지금부터는 두 분 생활비도 제가 책임질게요. 두 분이 지내실 집도 사드릴 수 있어요. 회사에 퇴사 통보를 하고 딱 2주만 더 고생하세요." 아버지와 어머니는 생각지도 못한 내 제안에 크게 놀라셨다.

이렇게 해서 아버지는 생애 처음으로 일손을 놓을 수 있었다.

부모님은 사우스캐롤라이나주 남부 구릉지에 자리 잡은 고풍스러운 도시를 선택했다. 나는 약속한 대로 그곳에 새로 조성된 동네에다 부모님이 고른 집을 사드렸다. 침실 네 개짜리 단층 주택이었다. 마침 집에서 몇 분 거리에 아름다운 호수가 있었다. 아버지는 매주 개 두 마리와 함께 보트를 타고 호수로 나가 만(灣)과 수로를 샅샅이 탐험했다. 아버지는 하루하루 꿈꾸던 삶을 살았다. 코로나19 팬데믹과 봉쇄 조치에도 불구하고 부모님에게는 행복한 1년이었다.

하지만 수십 년 동안 영혼을 갉아먹었던 일과 생계를 위해 고군분투했던 지난 삶이 결국 아버지에게 이빨을 드러냈다. 아버지의 몸은 점점 쇠약해졌고 관절염으로 고생했으며 통증을 달고 사셨다. 이제는 은퇴해서 자유 시간이 생겼건만 건강이 받쳐주지 못했고 하루가 다르게 건강이 악화하기 시작했다.

아버지에게는 남은 시간이 거의 없었다. 나는 아버지가 은퇴 생활을 즐길 수 없다는 사실에 화가 났다. 한편으로는 꼬리에 꼬리를 무는 의문으로 몹시 심란했다. 아버지는 어째서 평생 경제적으로 쪼들리며 사셨을까? 아버지는 어째서 돈 하나만 보고 자신이 싫어하는 일을 평생 하셨을까? 아버지가 끝내 이루지 못한 다른 꿈들은 무엇이었을까?

아버지가 아들인 내게 한결같이 기대했던 꿈들이 있었다. 안정적으로 직장생활을 하는 것도 그중 하나였다. 10대였을 때는 이런 아버지를 이해할 수 없었다. 내 주변에는 직장과 일 때문에 불행한 사람이 너무 많았다. 내가 왜 그렇게 살아야 하는데? 나는 그렇게 살고 싶지 않았다. 어떤 대안이 있는지는 잘 몰랐지만, 더 나은 방법이 있어야 한다는 것만은 잘 알았다.

대학 이야기만 나오면 아버지는 단호해지셨다. "아들아, 너는 대학에 가야지. 대학에 가는 건 가타부타 토를 달 문제가 아니야. 꼭 학위를 따거라. 전공은 뭐든 상관하지 않을 테니 어디든 대학에 들어가야 해." 나는 아버지와 달리 대학에 꼭 진학해야 한다고 생각하지 않았다. 하지만 아버지가 워낙 강경해서 대학들을 알아보기 시작했다.

나는 이런 식으로 생각했다.

'노스캐롤라이나대학교 윌밍턴 캠퍼스University of North Carolina Wilmington가 해변에 있다고? 좋아, 여기에 지원하자.'

'이 대학은⋯ 어디 보자, 애팔래치아산맥의 스키 리조트에서 멀지 않네? 해변에서 가까운 대학보다 더 좋을 것 같아. 그래, 산으로 가자.'

결과적으로 나는 대학 한 곳만 지원했고, 여섯 달 후 짐을 쌌다. 내가 선택한 대학은 노스캐롤라이나주 분^{Boone}에 위치한 애팔래치아주립대학교^{Appalachian State University}였다. 2년 뒤 전공을 선택해야 하는 시간이 다가왔다. 그동안은 확실한 '학포자'였고 아직 마음에 드는 전공 학과를 찾지 못했다. 그냥 모든 과목이 다 지루해 보였다. 결국 나는 레저학과(당연히 이것도 정식 학과다)를 선택했다. 아버지가 학위를 따라고 했지, 어떤 학위를 따라고는 말씀하지 않았잖아.

짐작하겠지만 레저학과는 학점 따기가 그야말로 '꿀'이었다. 그렇다 보니 학교에 있는 시간은 아주 드물었다. 대부분은 암벽을 등반하고 스키를 타고 블루리지파크웨이^{Blue Ridge Parkway*}를 탐험하느라 바깥으로 나돌았다. 나한테는 학교 공부가 중요하지 않았다. 사실 당시에는 권위 전반에 대한 반발심도 있어 더 그랬다. 그렇게 4년 반이 흘렀다. 남은 것은 별 소용도 없는 학위, 달랑 그거 하나였다.

대학 시절부터 내가 소중하게 생각했던 모든 것이 학교 바깥에서의 경험과 관련 있었다. 그리고 당시 내 삶의 많은 부분이 오늘날 내 삶의 철학을 형성했다. 이 철학에 힘입어 나는 대부분의 사람이

---

* 버지니아주에서 노스캐롤라이나주까지 이어지는 755킬로미터의 유명한 산악 도로

경험하지 못하는 특별하고 남다른 인생을 살 수 있었다. 나는 극히 드문 경우를 제외하면, 원하는 곳으로 여행 가고 원하는 방식으로 살며 원하는 것을 할 수 있었다. 정규 직장에 다니지 않았느냐고? 직장은 그다지 필요하지 않았다.

사실 이것은 이 책 전반을 관통하는 주제다. 당신에게 어떤 가능성이 있는지 영감을 주고 시간 부자가 되기 위한 여정을 시작하도록 동기를 부여하기 위해 이 주제를 깊이 해부해볼 생각이다. 이 책에서 소개하는 원칙들은 우리가 진정한 부자, 경제적으로뿐만 아니라 시간적으로도 부자가 될 수 있는 토대가 되어준다. 이러한 토대는 우리가 원할 때면 언제든 직장을 '해고'할 수 있게 해줄 것이다. 우리가 가고자 하는 세상에는 직장이 없어도 된다.

가장 먼저 할 일은, 직장을 영원히 해고하기 위해 필요한 최저 월 소득을 계산하는 것이다. 그런 다음 이 목표액을 가능한 한 빨리 달성하기 위해 '소유'하거나 '창조'하거나 또는 '통제'할 수 있는 하나 이상의 자산에 집중해야 한다. 마지막으로 '자동 소득 자산'들을 수집하는 방법을 알아보자. 이러한 자산이 궁극적으로는 우리를 일에서 해방시켜주는 황금알을 낳는 거위가 될 것이다.

이 책에는 실질적인 기술이 가득하다. 가령 최소한의 시간 투자로 최대한의 성과를 달성하는 법, 혹은 레이저 같은 집중력을 유지하는 방법 같은 것 등이다. 또한 각자 부자가 되는 자신만의 길을 찾을 때 길라잡이가 되는 거시적인 전략도 대대적으로 방출한다. 그리고 발상의 전환이 목표 달성에 어떤 도움이 될 수 있는지 알아보고 지수 함수적exponential 사고와 선형적linear 사고의 차이를 해부한다. 이뿐만이 아니다. 자동 소득 수단과 커리어를 비교하고, 각자가 올바른 부의 수단을 선택할 수 있는 확실한 비법을 공개하며, 경험과 전문성의 차이도 파헤친다.

이 여행의 마지막 정류장에서는 '패시브프러너passivepreneur'*들이 최종 목적을 달성하기 위해 사용하는 실질적이고 다양한 소득 창출 자산들을 만나볼 것이다. 당신이 예상하지 못한 자산이 많을 수 있으니 미리 놀랄 준비를 하시길!

이번 여행이 끝나면 당신의 언어가 달라질지도 모르겠다. 연장 근무, 시간당 수당, 월급, 직장, 연봉 같은 단어는 당신의 인생에서 사라질 것이다. 대신 부 창출 수단, 자산, 자동 소득passive income**, 현금흐름cash flow, 재량적 시간discretionary time 같은 단어나 아이디어가 입에 붙을 것이다.

대다수 사람처럼 생계를 위해 죽을 둥 살 둥 일에 매여 사는 평범한 삶에서 탈출하자. 패시브프러너로서 우리는 자동 소득 자산들에서 비롯되는 현금흐름으로 풍족하게 살 수 있다. 자, 준비되었는가? 모험이 가득한 패시브프러너의 세상으로 여행을 떠나자.

---

* 자동 소득을 뜻하는 'passive income'과 무언가를 추구하는 사람을 뜻하는 'preneur'를 합친 단어로 자동 소득 자산으로 경제적 자유를 이루는 사람을 가리킨다.
** 적극적인 경제 활동을 하지 않아도 자동적으로 발생하는 소득

패시브프러너가 되는 1단계

질문을 던져라,
당신은 왜 부자가 되어야 하는가

패시브프러너가 되는 3단계

최대한 빠르게,
먼저 성공한 사람의 길에 올라탈 것

패시브프러너가 되는 4단계

성공 직전,
당신을 무너뜨릴지 모를 9가지 함정

패시브프러너가 되는
1단계

질문을 던져라,
당신은 왜 부자가
되어야 하는가

LESS IS THE → 🗑 ← SOLUTION

일을 줄이는 것이 답이다

억만장자가 되고서도
계속 직장에 다닐까

MZ 세대*는 인류 역사상 교육 수준이 가장 높다. 그런데 대학을 졸업한 MZ 세대 두 명 중 한 명은 3년간 부모 집에 얹혀사는 캥거루족이다.[1] 게다가 MZ 세대 사이에 우려스러운 트렌드도 확산되고 있다. 소위 노동 거부 운동 또는 반反노동 운동으로 일컬어지는 안티워크anti-work 트렌드다.

도대체 이유가 무엇일까? 유해한 노동 문화, 갑질하는 경영진, 존중받지 못한다고 생각하는 직원들, 비윤리적인 행위, 치열한 경쟁을 부추기는 기업 문화 등이 이런 현상에 불을 지핀다. 토론 사이트 레딧Reddit에서 가장 빠르게 성장하는 커뮤니티 중 하나가 'r/antiwork'

---

* 1980년 이후 출생한 밀레니얼 세대와 1997년 이후 출생한 Z세대

라는 서브레딧^{subreddit}*일 정도다. 사용자가 200만 명이 넘는 이 커뮤니티에는 일이나 직장에 넌더리 난 사람들의 퇴사 인증샷이 하루가 멀다 하고 올라온다.

> **피터 기븐스: 일이 정말 싫어요. 그래서 더 이상 안 할 거예요.**
> **조아나: 일을 그만둔다고요?**
> **피터 기븐스: 아니, 꼭 그만둔다는 말은… 그냥 그만하고 싶어요.**
> — 〈뛰는 백수 나는 건달〉 중에서

일하지 않아도 행복해질 수 있다고 부르짖는 자칭 '게으름뱅이^{idler}'인 신세대 직장인들은 해고당하지 않을 만큼만 일하고 급여는 그대로 받는다. 중국에서는 탕핑족^{tang-ping, 躺平}이 등장했다. '평평하게 드러눕다'라는 뜻의 탕핑은 생계를 위해 일하거나 사회에 기여한다는 개념 자체를 거부하는 대규모 사회 저항 운동이다.[2]

▎자발적 퇴사가 늘어나는 이유

코로나19 팬데믹 기간에 수백만 명의 직장인들이 자발적으로

---

* 레딧은 게시판 형태로 운영되며 각각의 게시판을 서브레딧이라고 부른다.

퇴사했고, 경제학자들은 이 현상을 대공황에 빗대 '대퇴사Great Resignation'라고 부른다. 지금은 어떤가? 불만이 쌓인 직원들은 여전히 더 나은 기회를 찾아 떠나고, 고용주들은 기록적인 이직률로 몸살을 앓고 있다.

물론 급여나 혜택이 더 좋은 곳을 찾아 그만두는 사람이 많다. 하지만 매사추세츠공과대학교 슬론경영대학원Sloan School of Management이 발행하는 〈MIT슬론매니지먼트리뷰Sloan Management Review〉에 따르면, 이러한 대규모 인력 이탈의 가장 큰 단일 변수는 유해한 직장이다.[3] 컨설팅, 소프트웨어, 간호, IT 같은 고임금 직군은 물론이고 소매, 요식, 서비스업으로 대표되는 저임금 산업까지 인력 부족 사태가 위기 수준이다. 이처럼 업종과 상관없이 일에 대한 회의감이 팽배해지면서 일이 일로서의 의미를 잃은 지 오래다.

이쯤에서 중요한 질문을 해보자. 더 적게 일하면 더 행복해질까? 최근의 한 조사 결과를 보면 '그렇다'고 할 수 있다. 국제 민간 회의 세계경제포럼World Economic Forum이 각국 국민의 행복 수준과 평균 노동 시간의 상관관계를 조사했다. 가장 행복한 나라는 핀란드였고 덴마크, 노르웨이, 아이슬란드, 네덜란드가 그 뒤를 이었다.[4] 이들 5개국의 공통점 하나에 주목하자. 평균적으로 볼 때 이들 나라는 여타 선진국보다 노동자들의 연간 근로 시간이 몇백 시간 적다.

반면 이들 국가보다 근로 시간이 더 많은 그리스, 튀르키예, 포르투갈, 일본 4개국은 국민의 전반적인 행복 수준이 낮았다. 이번 조사 결과에서 매우 중요한 사실 하나를 유추할 수 있다. 이스라엘을 제외하면 근로 시간과 행복이 대체로 반비례한다는 점이다. 요컨대 행복지수가 가장 높은 국가들의 근로 시간이 가장 적은 걸 알 수 있다.

▌ 왜 죽을 정도로 열심히 일해야 한단 말인가

수십 년간 주 5일 40시간 일하는 보편화된 근로 형태가 표준이었다. 하지만 이제는 달라지고 있다. 주 4일 근무나 하루 여섯 시간 이하 근무를 실험하는 기업이 증가하는 추세다. 지금까지의 실험 결과는 고무적이다. 근무 일수나 평균 근무 시간을 단축했을 때 직원들의 스트레스 수준이 낮아졌다. 이게 다가 아니다. 스트레스가 줄어드니 직무 만족도는 높아졌다. 이미 노동 세상에서는 거스를 수 없는 변화가 시작되었다. 많은 사람이 자신과 일의 관계, 희망하는 평생 근로 시간을 재평가하고 있다. 더욱이 이런 추세가 빠르게 확산함에 따라 근로 시간 단축이 대세로 떠오르는 중이다.

> 근로 시간과 행복은 대체로 반비례한다.
> 근로 시간이 매우 적은 국가들은 행복지수가 높은 반면,
> 근로 시간이 긴 나라들의 행복 수준은 매우 낮았다."
>
> — **필자**

과도한 노동이 하나의 현상으로 자리 잡은 일본에서 흥미로운 실험이 진행되었다. 일본 문화는 본래 근면 성실함을 미덕으로 여기며 높이 평가한다. 그것이 과해 카로시^{karoshi}라 불리는 과로사가 심심찮게 발생할 정도다. 말 그대로 장시간 노동으로 목숨을 잃는다는 뜻이다. 가끔은 주당 70시간이 넘는 극심한 노동으로 목숨을 잃은 피해자 사례도 보고된다.[5] 자세히 살펴보니 이들은 만성적인 건강 문제와 위험한 수준의 스트레스로 고통받다가 결국 사망에 이르렀다.

2019년 마이크로소프트의 일본 법인이 주 4일 근무제를 한시적으로 시범 운영했다. 결과는 어땠을까? 주 4일제 실험이 끝난 뒤 분석해본 결과 이 기간에 매출액 기준 직원 1인당 생산성이 40퍼센트 증가한 것으로 나타났다.[6] 이런 결과를 놓고 보면 오래 일한다고 성과가 높은 것이 아님을 알 수 있다. 그렇다면 적게 일하는 것이 바람직하고 유익한 근무제이며 노사 모두에게 원원이라고 결론을 지어도 될 성싶다. 근로 시간 단축에 대해서는 나중에 좀 더 자세히 알아보자.

▎솔직해지자, 우리가 일을 하는 진짜 이유는 돈이다

오해하기 전에 한 가지 확실하게 해야겠다. 이 책의 주제는 '주 4일

근무제'가 아니다. 반反자본주의 이념에 관한 내용도 아니다. 나는 사회와 담을 쌓는 고립된 삶을 찬성하지 않는다. 미국의 간판 코미디 프로그램 〈새터데이나이트라이브Saturday Night Live, SNL〉에서 동기 부여 연설가 맷 폴리Matt Foley가 했던 유명한 말에 동의한다. 강가에 차를 대고 노숙하며 정부가 무상으로 제공하는 식품으로 연명하는 삶을 옹호할 수 없다. 나는 무위도식하는 사람도, 정처 없이 떠도는 현대판 유목민도 두둔하지 않을 것이다. 친구나 친척 집을 전전하며 얹혀사는 카우치 서핑족couch surfing, sofa surfing도 내 응원을 받을 수 없다. 나는 보편적 기본 소득Universal Basic Income, UBI이나 정부 보조금에 의존하는 삶도 지지하지 않는다.

다시 말해 이 책은 반노동 운동과는 조금도 관련이 없다는 뜻이다. 그저 사람들이 자신과 일의 관계를 새롭게 점검하기를 바랄 뿐이다. 내가 아는 한 무언가를 명확히 이해하는 최고의 방법은 적절한 질문을 하는 것이다. 자신과 일의 관계를 명확히 알고자 한다면 어떤 질문을 해야 할까? 내가 파워볼 질문Powerball Quesion이라 부르는 것부터 시작하자.

내일 아침 당신이 복권에 당첨되었다는 사실을 알게 된다고 가정해보자. 파워볼 복권이고 당첨금이 무려 1억 3,200만 달러다. 당신은 눈을 크게 뜨고 동그라미를 세어본다. 맞다, 당신은 하루아침에 억만장자가 되었다. 바로 이때 파워볼 질문이 등장한다. 당신은 억만장자가 되고도 계속 직장에 다닐까?

나는 일의 방정식에서 경제적인 이유를 완전히 제거한다면, 대부분의 사람은 일을 그만둘 거라고 장담한다. 일에 대해 우리는 겉과 속이 다른 태도를 취한다. 일이란 차이를 만들거나 도전에 맞서는 것이라는 둥, 어떤 숭고한 이상과 관련 있다는 둥 그럴싸한 이유를 대며 허풍을 떤다. 하지만 이건 그저 입에 발린 소리일 뿐이다. 실상은 다르다. 우리 대부분이 일을 놓지 못하는 중요한 이유 한 가지는 월급, 즉 돈 때문이다. 따라서 복권에 당첨되면 사람들이 어떻게 말할지 눈에 선하다. "이딴 일 개나 주라지, 난 때려치울 거야!" 그런 다음에는 갑자기 부산해질 것이다. 시간을 더 유익하게 사용할 수 있는 방법들을 찾고, 지금까지 시간이 없어서 못 했던 일들을 하느라 바빠질 테니까.

 그러므로 누구든지 이 어린아이와 같이
자기를 낮추는 사람이 천국에서 큰 자니라."

— 〈마태복음〉 18장 4절

| 늦은 나이는 없다,
지금이라도 당신이 원하는 삶을 살 수 있다

당신의 어릴 적 꿈은 무엇이었는가? 우주 비행사, 발레리나, 미국 대통령… 어딘가 특별한 사람, 남다른 사람이 되고 싶지 않았는가? 어쩌면 악과 싸우는 슈퍼히어로나 록스타를 꿈꾸었을지도 모를 일이다.

나도 별반 다르지 않았다. 아홉 살 꼬마였을 때 나는 크면 언젠가는 인디아나 존스^{Indiana Jones}가 될 줄 알았다. 가죽 재킷을 걸치고 채찍을 휘두르는 카리스마의 끝판왕 고고학자가 될 거라고 상상했다. 고고학자가 되어 보물 탐험을 떠나고 뱀이 우글거리는 지하 동굴을 탐사하고 독화살 공격을 요리조리 피하는 내 모습을 그렸다. 악당들보다 성배聖杯를 먼저 찾기 위해 늘 한발 앞서 나가는 흥미진진한 모험을 꿈꾸었다. 어릴 적 나는 모든 고고학자가 인디아나 존스처럼 사는 줄로만 알았다. 시간 대부분을 보물이 아니라 도서관을 탐험하며 책에 파묻혀 지내는 고고학자의 현실은 짐작조차 하지 못했다.

아이들이 다 그렇듯 나는 가능성이 무한하다고 생각했다. 내가 원하던 미래에 돈은 없었다. 돈을 버는 것은 고사하고 생계를 위해 일하는 것조차 내 미래에 없었다. 내가 꿈꾸던 미래의 모습은 내가 어릴 적 좋아하던 놀이의 확장판이었다. 당시의 나는 의무와 책임, 동료, 최종 기한, 반복적인 일상 등으로 채워진 '진짜 세상'이 존재한다는 사실을 이해하기에는 너무 어렸다. 인생의 태반을 일에 바칠 뿐 아니라 인생 자체가 일의 연속이라는 것은 꿈에도 몰랐다. 많은 세월이 흐른 뒤에야 월세를 내고 학자금 대출을 갚고 식비를 벌어야 한다는 현실을 체념하듯 받아들였다.

이것이 나만의 일은 아니리라. 누구나 어릴 적에는 장밋빛 미래를 그린다. 나중에 커서 자신이 가장 사랑하는 일 말고 다른 무언가를 하는 삶은 상상도 안 된다. 그리하여 가슴을 뛰게 만들고 생각만으로도 기분이 좋아지는 무언가를 꿈꿀 뿐이다. "나를 대체 가능한 소모품으로 생각하고 승진 가능성도 희박한 회사에서 로봇처럼 일하는 중간관리자가 되고 싶어."라고 말하는 아이를 본 적 있는가? 아이들은 매주 60시간씩 일하는 세상이 존재한다는 것을 알지 못한다. 월요일 아침 알람 시계가 울릴 때마다 삶을 뒤흔드는 실존적 불안감이 엄습하는 삶도 짐작하지 못한다. 밥벌이에 지쳐 자신과 삶이 한없이 쪼그라드는 느낌이 무엇인지 아이들은 알 턱이 없다.

여기서 사고 실험thought experiment*을 잠깐 해보자. 열 살로 돌아간다고 상상해보라. 그 작은 몸으로 사는 기분이 어떤지 느껴보는 것이다. 세상에 못 할 일이 없다는 기분이 들지 않는가? 성숙한 이성이 깨어나고 현실이 끼어들기 전에, 얼른 열 살의 마음으로 생각하라. 그때의 꿈을 떠올려보면 지금 그 꿈과 얼마나 다른 삶을 사는지 실감이 날 것이다.

지금이라도 당신이 사랑하는 삶을 일구고 원하는 일을 시작하면

---

* 사물의 실체나 개념을 이해하기 위해 가상의 시나리오를 이용하는 것

어떨까? 이 책이 도와줄 수 있다. 당신이 그렇게 할 수 있도록 이 책이 내비게이션이 되어줄 것이다.

 길? 우리가 가는 곳에 길 따윈 필요 없다."
　　　　　　　　　　　　　　— 에미트 '닥' 브라운, 〈빽투더퓨쳐 2〉 중에서

"우리가 가는 길에 길 따윈 필요 없다."라는 문장은 내 인생 영화 중 하나에 나오는 대사다. 그 영화는 1989년에 개봉한 SF 영화 〈빽투더퓨쳐Back to the Future〉 시리즈 2편이다. 마지막 장면에서 주인공 마티와 산발한 백발의 교수 에미트 '닥' 브라운은 차량형 타임머신 드로리안을 타고 있다. 닥이 드로리안을 마티의 집 진입로에서 집 앞 도로까지 후진으로 끌고 나와 출발하기 직전이다. 그들이 시간 여행을 하려면 드로리안은 정지된 상태에서 시속 88마일(시속 140.8킬로미터)까지 가속해야 한다. 닥이 가속 페달을 밟으려는 순간 마티가 불안한 목소리로 말린다. "닥, 뒤로 좀 더 빼셔야죠. 88마일의 속도를 내기엔 길이 짧잖아요." "길? 우리가 가는 곳엔 길 따윈 필요 없다."라며 닥이 의미심장하게 말한다.

우리가 가는 곳엔 직장이 필요 없다. 진짜다. 그곳엔 상사도 업무도 휴가도 있을 이유가 없다. 출퇴근 기록지와 급여 통장은 불태워 버려도 좋다. 근로소득원천징수영수증은 찢어버리고 기업 사다리를 쪼개 불쏘시개로 써도 된다. 이참에 사이드 허슬side hustle*과도 작별할 수 있다.

우리가 가는 곳에서는 이 모든 것이 없어도 문제가 되지 않는다.

<hr />

＊ 실리콘밸리에서 널리 사용하는 용어로 본업 외에 부가적인 활동으로 수익을 창출하거나 자기 계발을 하는 것을 뜻한다.

FIND YOUR WHY

자신만의 이유를 찾아라

당신이 진정 원하는 것이
무엇인지부터 알아내라

나를 포함해 미국인들이 가장 신뢰하는 개인 재정 전문가를 꼽으라면 단연 데이브 램지^{Dave Ramsey}다. 램지가 진행하는 라디오 프로그램은 현실적인 재테크 조언으로 가득하다. 그의 조언으로 신용카드를 과감히 잘라버리고 빚 돌려막기 인생을 졸업한 사람이 한둘이 아니다. 그렇다면 그에게 전화 상담을 하는 청취자들의 단골 질문 중 하나는 무엇일까? 바로 "팔아야 할까요?"이다.

"차를 팔아 대출금을 상환하는 게 나을까요?"

"집이든 투자 자산이든 처분해서 빚부터 갚는 게 맞겠죠?"

"당장 주식을 다 정리해야 할까요? 안 쓰는 물건은 중고로 파는 게 좋겠죠?"

램지는 이러한 질문에 정곡을 찌르는 역질문으로 대답한다.

"그것(청취자가 조언을 구한 대상)을 팔면 생기는 돈을 이미 갖고 계신다면 오늘 그것을 다시 사겠습니까?"

이 질문에 대부분은 정신이 번쩍 든다. 인생 경험도 쌓였고 삶의 여건이 달라진 지금, 예전의 선택을 되풀이할 수 있는 기회가 주어진다면 지금 결정을 내릴 가능성이 커진다.

나는 램지의 이 질문을 내 방식대로 바꿔서 하고 싶다. 이제까지 일에 바쳤던 시간을 전부 돌려받는다고 상상해보라. 야근했던 시간도 경력 개발을 위해 땀 흘렸던 시간도…. 1분까지 포함시켜라. 지금 이 순간 그 시간을 모두 돌려받아 당신이 하고 싶은 일을 할 수 있다면 무엇을 할까? 무엇이든 예전과는 다른 선택을 할까?

▎삶을 리셋할 수 있다면 어떻게 살고 싶은가

한 걸음 더 나아가 당신의 미래와 관련해 똑같은 질문을 해보자. 이 순간부터 눈을 감는 순간까지 매분 매초를 당신이 원하는 대로 쓸 수 있다면 어떻게 될까? 다른 누구도 아닌 오직 당신 마음대로 할 수 있다면 과연 무엇을 하고 싶을까?

삶을 '리셋'할 수 있는 기회가 주어진다면 우리는 자신에게 어려운 질문을 할 수 있다. 지금의 일을, 지금의 경력을 다시 선택할까? 아니면 늘 원해왔던 일, 다시 말해 평생 품어왔던 꿈을 이루기 위한 노력을 시작할까? 오로지 내 가슴을 뜨겁게 하는 일에만 전념할까? 내가 사랑하는 사람들과 모든 시간을 함께 보낼까? 일을 최우선으로 고려하지 않아도 된다면 당신은 어떻게 할까?

이것이 현실성 없는 사고 실험처럼 생각될지도 모르겠다. 그래도 속는 셈 치고 내 말대로 해보라. 세상을 새로운 눈으로 바라보고 싶다면 방법은 하나뿐이다. 스스로에게 새로운 질문을 해야 한다. 변화 심리학의 최고 권위자 토니 로빈스Tony Robbins의 조언을 새겨듣자. "어떤 삶을 사는가는 자신에게 어떤 질문을 하는가에 정확히 비례한다."

새로운 질문이 어색하고 불편할 수도 있고, 얼핏 비현실적으로 보일 수도 있다. 그렇다면 다행이다. 이는 새로운 질문이 그만큼 기발하다는 증거니 말이다. 가끔 뇌는 우리가 이런 질문을 하기가 무섭게 그것이 불가능하다고 속삭인다.

"브라이언, 잘 들어. 나는 직장도 있고 부모님과 아내도 있어. 책임질 일이 많단 뜻이지. 지금 당장은 그런 일에 한눈팔 시간이 없어."

"난 생활비는 충분히 벌어. 저축도 약간 할 수 있지. 하지만 일을 그만두는 것은 선택의 문제가 아냐. 난 일이 필요해."

 여기서 어디로 가면 되는지 알려줄래?"
"네가 어디로 가고 싶은지에 달린 거 같은데."라고

고양이가 대답했다.

"난 어디든 괜찮아."라고 앨리스가 말했다.

"그럼 아무 데나 가도 되겠네."

— 루이스 캐럴, 《이상한 나라의 앨리스》 중에서

그렇다면 우리가 자신에게 새로운 질문을 해야 하는 이유는 무엇일까? 마법 같은 삶을 가능케 하는 방법은 오직 하나다. 그것은 삶을 빈 도화지라고 생각할 때만 가능하다. 적어도 지금 당장 불가능해 보이는 무언가를 고려하는 데서 새로운 가능성이 생겨난다.

▎ 돈의 노예도, 시간의 노예도 되고 싶지 않다

오늘날에는 신흥 부자 계급이 존재한다. 나는 이들을 고정적인 비근로 소득원이 있다는 점에서 '패시브프러너'라고 부른다. 일단 이들은 경제적으로 부유하다. 현금, 수입, 자산을 모두 포함해서 말이다. 또한 시간 부자다. 돈에 시간까지 넉넉한 이들의 세상은 어떨까? 원하는 곳이면 지구 끝까지라도 갈 수 있고, 함께 가고 싶은 사람이면 누구든 동행할 수 있으며, 원하는 만큼 그곳에 머물 수 있다.

패시브프러너는 의사나 변호사 같은 일명 '사자 직업'을 가진 전통적인 고소득자가 아니다. 수십억 달러짜리 기업을 운영하는 재계

거물도 아니다. 실리콘밸리 IT 스타트업의 창업자도, '억' 소리 나는 연봉을 자랑하는 월스트리트 금융인도 아니다. 부모 잘 만난 금수저는 더더욱 아니다. 그럼 이들은 누구일까?

이들은 자라온 배경도 교육 수준도 제각각이고, 딱 한 가지를 빼면 닮은 점을 찾기 힘들다. 바로 자동 소득 창출의 달인이라는 점 말이다. 통장에 따박따박 돈이 꽂히니 이들의 삶은 무한한 시간으로 채워진다. 나아가 자신이 가장 원하는 것을 선택할 수 있는 여유와 진정한 경제적 자유로 충만한 삶을 만끽한다.

이 책의 목표는 크게 세 가지다. 첫째, 신흥 부자들의 성공 스토리를 알아보고 이들이 돈만 많은 뻔한 부자와 어떻게 다른지 비교해볼 것이다. 둘째, 은행 잔고를 늘리는 일에만 오롯이 집착하는 것이 어째서 재앙의 지름길인지 짚어보려 한다. 미리 말하지만 돈은 부자를 정의하는 하나의 요소에 불과하다. 마지막으로, 누구나 패시브프러너가 될 수 있을 뿐 아니라 패시브프러너의 꿈을 이루기 위해 생각보다 많은 시간이 필요하지 않은 이유를 파헤쳐보려 한다.

차차 알게 되겠지만 모든 패시브프러너의 가장 큰 특징은 탄탄한 소득원이 있다는 것이다. 안정적인 수입을 창출하는 이 소득원은 무엇일까? 근로 소득도 아니고 직업도 아니다. 자동 소득원passive income vehicle, PIV은 직접적이고 일상적인 관리가 거의 필요하지 않다. 이에 대해서는 나중에 자세히 알아볼 것이다. 패시브프러너의 경제적 원천은 그들 자신과는 무관하게 작동한다. 또한 그들이 하는 일과 상관없이 매일 소득이 발생한다. 패시브프러너는 돈을 위해 일의 노예가 되지 않아도 된다. 돈은 그들의 자동 소득원이 대신 벌어주기 때문이다.

'나는 50세까지 100만 달러를 벌겠어.' 패시브프러너에게는 이런 식으로 자신이 임의로 정한 재산 목표액을 달성하는 것이 최우선 과제가 아니다. 그들의 목표는 고액 연봉이 아니며 '더 많은' 돈이라는 뜬구름을 좇지도 않는다. 솔직히 돈 자체에는 거의 관심이 없어서 돈에 대해 많이 생각하지도 않는다. 그저 인생을 즐기는 것만으로도 시간이 모자랄 지경이다. 그들이 그럴 수 있는 이유는 안정적이고 풍부한 현금 파이프라인을 구축했기 때문이다. 따라서 패시브프러너는 경제적으로는 부자지만 시간적으로는 가난한 사람과 돈에 대한 인식이 근원적으로 다르다.

시간 부자가 된다면 당신은 무엇을 하고 싶은가? 석 달간 유럽 여행을 하고 그다음 석 달간은 다른 대륙으로 훌쩍 떠날까? 혹은 태권도나 주짓수 검은 띠 유단자가 되기 위해 무술을 배우기 시작할까? 배우가 되겠단 목표를 품고 가까운 극장의 문을 두드리거나 훌륭한 음악가가 되기 위해 음악에 매진할까? 아이들이 어릴 때 가급적 많은 시간을 함께하겠다는 마음을 먹고 집순이·집돌이 부모를 자처할까? 무보수의 전임 목회자나 선교사가 되면 어떨까? 비영리 조직을 세워서 일해보는 것은 어떤가? 혹은 스마트폰 없이 세계 10대 트레일 중 하나인 3,500킬로미터의 애팔래치아 트레일^{Appalachian}

Trail을 완주하고 싶어질까? 지금 나처럼 유서 깊고 매혹적인 남부 도시 찰스턴Charlestown 항구에 정박하며 작가 데뷔를 준비할까?

돈벌이에 대해 더는 고민할 필요가 없다면 삶이 어떤 모습일지 상상해보라. 1주일, 그 7일의 시간이 온전히 당신 것이다. 시간의 주인이 당신이기에 주말이라고 해서 평일보다 딱히 더 설렐 필요가 없는 삶 말이다. 당신이 어디에 있어야 하는지부터 휴식 시간까지 일일이 간섭하는 사람이 없다고 생각해보라. 이 모든 것이 패시브프러너로서 누릴 수 있는 삶이다. 보다 정확히 말하자면 이것은 당신이 패시브프러너가 될 때 열리는 새로운 세상의 일부일 뿐이다.

▎왜 경제적 자유가 필요한가, 당신만의 이유를 찾아라

우리는 왜 꿈을 포기할까? 내가 아는 한 극히 일부를 제외하고 꿈을 이룰 '방법'을 몰라서는 아니었다. 현실에 안주하는 주된 이유가 방법의 역학 때문은 아니라는 뜻이다. 솔직히 '어떻게', 즉 방법은 어디에나 있다. 구글에 검색해보라. 오래 조사할 필요도 없다. 이제까지 누군가가 했던 거의 모든 것에 대한 방법은 잠깐이면 알고도 남는다. 우리가 풀어야 할 수수께끼는 '어떻게'가 아니라 '왜'다. 즉 이유를 찾아야 한다.

그 이유는 개인마다 다르다. 십중팔구 당신과 나도 각기 이유가 다를 것이다. 당신은 40피트(12미터)짜리 요트를 사서 홀로 세계 일주 항해를 하며 여생을 보내고 싶을지도 모른다. 왜 그럴까? 왜냐하면 당신한테는 모험과 도전과 위험 감수가 삶의 최우선 순위라서 그렇다. 혹은 노숙자를 지원하는 비영리 단체에서 매일 자원봉사를 하고 싶을 수도 있다. 왜냐고? 왜냐하면 당신이 추구하는 삶의 목표가 취약계층을 돕고 사회와 사람들에게 봉사하는 것이기 때문이다. 이러한 이유를 명확히 이해하는 것이 첫 번째다. 방법을 찾는 것은 그다음에 해도 늦지 않다.

무엇이든 행동을 시작하기 전에 자신의 깊은 욕구를 먼저 이해해야 한다. 이런 욕구 자체가 행동을 촉발시키는 에너지요, 연료인 까닭이다. 이유가 무엇인지 생각해보라. 당신만의 이유를 찾아야 한다. 그 이유를 찾는 데는 시간을 투자할 가치가 있다. 아이들은 크리스마스 아침 눈을 뜨자마자 선물꾸러미를 향해 달려간다. 이유에는 이런 힘이 있다. 당신이 아침에 침대를 박차고 나오도록 만드는 힘 말이다. 이유를 명확히 이해하면, 당신의 가장 야심 찬 꿈을 실현하기 위해 꼭 해야 하는 일을 밀어붙이는 추진력이 생긴다. 꿈을 이루는 과정은 결코 쉽지 않은 여정이다. 그러므로 이유에서 비롯된 추진력이 반드시 필요하다.

정말이다, 잘못 들은 것이 아니다. 꿈을 실현하는 과정은 쉽지 않다. 꿈을 이루고 싶다면 영혼까지 끌어모으는 '영끌'의 각오를 반드시 다져야 한다. 이 새로운 삶의 방식에는 커다란 대가가 따른다. 그렇기에 이런 삶을 사는 사람은 아주 드물다. 피트니스 비디오나 다이어트 비디오가 왜 잘 팔리는 줄 아는가? 그런 것들은 노력 없이 공짜로 좋은 결과를 얻을 수 있다는 약속으로 우리를 현혹한다. 이것이 감나무 아래 누워 감이 떨어지기를 기다리는 것과 무엇이 다른가. 하지만 삶은 이런 식으로 작동하지 않는다.

희소식이 있으니 아직 실망하긴 이르다. 지금부터 나는 30~50년 계획이 아니라 3~5년 계획을 알려주려 한다. 이 책은 당신이 매주 일에 바치는 40~60시간을 온전히 당신 마음대로 사용하는 자유 시간으로 바꾸도록 도와줄 수 있다. 단 뼈를 갈아 넣겠다는 각오로 열심히 노력해야 한다. 겁먹지 마라. 얼마 동안이면 충분하다. 길지 않은 시간 고도로 집중해 노력을 쏟으면 평생토록 마르지 않는 우물을 만들 수 있다. 방법은 이 책을 통해 내가 찬찬히 알려줄 것이다.

ABOUNDSY
OPPORTUNITY

기회는 풍부하다

고착된 믿음을 버리는 순간
기회들이 깨어난다

이 계획을 새로운 시작을 알리는 모닝콜로 생각하라. 언젠가 다른 삶을 살 수 있을 거라는 막연한 희망으로 날마다, 또 해마다 똑같은 일을 반복하는 일상의 족쇄에 갇혀 있지 않은가? 내가 알려주는 3~5년 계획으로 당신이 이런 일상을 과감히 포기할 수 있기를 간절히 바란다.

▌꿈을 실현해줄 마법의 지팡이는 있다

이 계획은 당신이 가고 싶은 목적지로 훨씬 빨리 데려다준다. 다시 말해 일찍 도착한 만큼 목적지를 즐길 수 있는 시간이 늘어난다.

지금부터 나와 함께 패시브프러너의 세상을 탐험해보자. 나를 믿어라. 당신도 패시브프러너가 될 수 있다. 나를 포함해 이 책에 등장하는 모두가 이 계획으로 꿈을 이루었다. 우리가 특별한 사람이어서 그런 게 아니다. 그 누구라도 패시브프러너로 성공할 수 있다. 당신 역시 성공할 수 있다. 단, 그 전에 나하고 한 가지 약속을 하자. 당신의 이유를 찾아라. 그 이유를 실현시킬 방법은 나한테 맡겨도 된다.

유구한 인류 역사에서 오늘날은 진정한 번영과 풍요의 시대다. 정보에 대한 접근성이 대표적이다. 불과 몇십 년 전만 해도 정보를 획득하는 방법이 매우 제한적이었다. 유튜브 튜토리얼과 가상 강좌는 고사하고 인터넷도 위키피디아도 없었다. 당연히 원격 학습은 존재하지 않았고 공짜 콘텐츠 바다가 펼쳐진다는 것은 상상도 못 할 일이었다. 그런데 지금은 어떤지 보라. 주머니 속의 기기를 통해 누구든 인류가 이제껏 축적한 모든 지식에 접근할 수 있다!

1984년으로 돌아간다고 상상해보자. 터미네이터가 그랬듯 당신은 요란한 번개가 내리치는 가운데 1984년의 지구에 도착한다. 물론 터미네이터처럼 실오라기 하나 걸치지 않은 알몸일 필요는 없다. 당신이 갑자기 나타나는 통에 구경하던 사람들이 겁을 먹는다. 이윽고 뉴스 취재진이 몰려와 질문 공세를 퍼붓는다. 당신은 2020년대에서 왔노라 말한다. "당신이 온 시대에는 자동차가 하늘을 날아다닙니까?" 당신은 즉답을 하는 대신 "제발 다른 질문이요."라며 어물쩍 넘어간다.

다른 질문이 이어진다. 당신은 2020년대 현대인의 삶이 어떤 모습인지 알기 쉽게 설명하려 애쓴다. 월드와이드웹, 스마트폰, 페이스북, 비트코인 등등. 그들에게는 당신이 들려주는 이야기가 공상과학소설처럼 들릴 뿐이다. 설사 하늘을 나는 자동차가 없다 해도 말이다. 당신은 틱톡에 대해서는 입도 뻥긋하지 않는다. 틱톡 이야기까지 한다면 그들의 뇌가 폭발할지도 모를 테니까.

우리는 공기의 소중함을 모르듯 지금 이 시대에 누리는 것들이 얼마나 소중하고 좋은 것인지 모른다. 하지만 일명 사자 머리가 유행하던 1980년대 보통 사람들에게는 별천지 세상일 것이다. 이는 깊이 생각해볼 가치가 있다. 오늘날은 개개인이 사용할 수 있는 자원이 인류 역사상 어느 때보다 풍부하다. 기회가 가장 많은 것은 두말하면 잔소리다. 그뿐인가. 기회에 접근하기에도 그 어느 때보다 쉽다. 요컨대 당신이나 나나 우리 모두 시대를 기가 막히게 잘 타고났다.

▎세상에는 상상 이상으로 다양한 길과 선택지가 있다

우리 시대에는 아주 적은 돈으로, 아니 동전 한 푼 쓰지 않고도 우리를 천문학적인 부자로 만들어줄 유망한 사업을 시작할 수 있다. 그것도 마법 지팡이를 휘두르듯 단 몇 시간이면 뚝딱 만들어낸다. 세상 어디에서든 누구든 가능하다. 노트북이나 스마트폰만 있다면 돈을 벌 수 있는 새로운 비즈니스 기회가 매일 나타난다.

장담하건대 우리 모두가 가진 가장 귀중한 자원은 시간입니다."

— 스티브 잡스

예전에는 크라우드펀딩crowdfunding을 통해 자산군asset class에 접근했다. 때문에 크라우드펀딩이 탄탄한 인맥을 자랑하는 부자들만의 전유물이었지만, 이제는 진입장벽이 크게 낮아졌다. 게다가 많은 가상 작업자들의 값싼 노동력도 필요할 때면 곧바로 사용할 수 있다.

이는 무슨 뜻일까? 지금 우리 시대는 보통 사람이 자동 소득을 창출할 수 있는 최적기라는 말이다. 지금 우리 세상에는 합법적이면서도 가능성 높은 기회가 널려 있다. 관건은 적절한 기회를 붙잡는 것이다. 기회만 잘 잡으면, 새로운 소득원을 창출하고 우리의 현재 라이프스타일을 유지시켜줄 돈줄이 생길 수도 있다. 이뿐만 아니라 우리를 새로운 차원의 슈퍼리치로 만들어줄 가능성도 열려 있다.

어떤가? 이 두 마리 토끼를 다 잡고 싶지 않은가? 그렇다면 이 책을 계속 읽어라. 당신보다 더 똑똑하지도 않고, 더 많이 배우지도 못했으며, 인맥이 더 풍부하지도 않은 사람들이 해낸 일을 당신이라고 못할 이유가 무언가. 나만 믿어라. 내가 그 길로 안내해줄 테니.

우리는 성공을 정의하는 방식으로 자신과 돈의 관계를 재정립할 필요가 있다. 그런데 더러는 우리의 기존 믿음이 우리의 발목을 잡는다.

"세상에 공짜 점심은 없어."

"일하지 않는 자는 먹지도 마라."

"돈이 열리는 나무는 없다."

"이런 게 세상살이야. 자기 밥벌이는 해야지."

분명 많이 들어본 말들일 것이다.

부모님, 사회, 선생님은 물론 친구들까지 우리에게 이러한 믿음을 주입한다. 이 말들이 틀렸다는 뜻이 아니다. 모두 타당한 의미가 있다. 실제로 우리가 알고 사랑하고 존경하는 사람 대부분이 이러한 믿음을 삶의 좌우명으로 여기며 살아간다. 그럼 뭐가 문제란 말인가?

문제는 우리가 이런 패러다임을 맹목적으로 받아들여 내면화함으로써 다른 방식이 있는지 생각조차 안 한다는 사실이다. 그리하여 우리 삶은 더 다양한 선택과 더 광범위한 자유와 더 많은 성취에서 멀어지고 만다. 대신 임금 인상, 승진, 연금같은 경제적 지표를 달성하는 것만이 삶의 목표가 되어버린다.

TIME IS
ALL
WE
HAVE

시간은 모두에게 공평하게 주어진 자원이다

좋아하는 일이
밥 먹여주지 않는 이유

     부富가 무엇인지 모르는 사람은 없다. 사전적인 정의로 부는 '자원이 풍부한 상태'를 일컫는다. 돈은 당연히 자원이지만, 유일한 자원은 아니다. 슬프게도 돈이 많은 부자가 되려다 다른 많은 자원을 포기하는 사람이 부지기수다. 그렇게 한 결과는 어떨까? 과연 그토록 갖고 싶던 돈을 가질 수 있을까? 그건 잘 모르겠으나 한 가지는 분명하다. 풍요롭고 충만하며 성취적인 삶을 만들어주는 다른 모든 자원에서는 가난뱅이로 전락할 것이란 점이다.

     미국 건국의 아버지 토머스 제퍼슨이 작성한 독립선언문을 생각해보라. 모든 사람이 조물주에게서 생명과 자유와 행복을 추구할 권리를 부여받았다고 명시되어 있다. 요컨대 미국의 건국 이념은 모든 사람이 자유로울 권리가 있고 자신의 행복을 추구하기 위해 그 자유를 사용한다는 것이다. 독립선언문에 명시된 어떤 권리에도 일이나 돈에 대한 언급은 없다.

▌주당 80시간 일하는 기업가의 삶이
▌우리가 꿈꾸던 삶일까

여기서 생각해볼 문제가 있다. 노는 것도 비용을 치러야 한다는 점이다. 자유를 사고 행복을 추구하기 위해서도 돈이 필요하다. 싸구려에 만족하는 사람이 아니라면, 음식과 거처 말고는 아무것도 필요 없는 사람이 아니라면, 잘 사는 데는 돈이 필요하다. 한마디로 돈은 반드시 있어야 한다. 하지만 돈으로 풍요로운 삶을 살 수는 없다. 돈과 풍요로운 삶은 동의어가 아니며, 돈은 풍요로운 삶의 필요조건이지 충분조건이 아니다.

> 1주일에 40시간 일하지 않으려고 매주 80시간씩 기꺼이 일하는 사람이 기업가다."
> — 로리 그라이너, 120여 개 특허를 보유한 미국의 기업가

많은 돈이 부의 전부가 아니라면 어떻게 될까? 자고로 부란 돈에 더해 시간도 많고 젊음과 에너지가 넘치는 것이라면? 건강하고 활

기차며 뚜렷한 목적과 풍부한 선택지가 있는 것이라면? 이러한 모든 것을 더 많이 원하고 여기에 많은 돈까지 갖고 싶다면, 이 책을 계속 읽어라.

우리는 부를 오직 돈과 결부시킨 협소한 의미로 정의하지 않는다. 돈에는 훨씬 더 은밀한 신화가 얽혀 있으며 이것은 우리를 '가스라이팅'할 수도 있다. 미리 말하지만 나는 적이 생길 것을 각오하고 이 신화를 '폭로'하려 한다. 내가 폭로하려는 신화는 바로 기업가정신이다. 우리의 궁극적인 꿈이 '창업'이어야 한다는 믿음 말이다. 창업이 무슨 잘못이 있겠는가. 문제는 창업이 우리의 자발적인 꿈이 아니라 외부에서 주입되어 세뇌된 꿈이라는 점이다. 사람들은 우리에게 말한다. 사업을 시작하라고, CEO가 되라고, 스스로 상사가 되라고. 나도 오랫동안 이런 패러다임에 갇혀 있었다.

이것은 하나만 알고 둘은 모르는 이야기로, 기업가를 둘러싼 엄연한 현실을 간과한 이야기다. 개중에는 하루 여덟 시간 일하는 수많은 보통 직장인보다 시간적으로 가난한 기업가들이 있다. 설상가상 대다수 기업가는 금전적으로도 빈털터리다. 현타가 오지 않는가? 말하자면 그들은 '무늬만 기업가'다. 그들에게 왜 기업가가 되었는지 물어보면 대답은 들으나 마나다. 자유를 원한다, 많은 돈을 벌고 싶다, 이런 식의 빤한 대답이 돌아올 테니 말이다. 하지만 현실은 냉혹하다. 많은 기업가가 자유는 물론 심지어 돈도 쟁취하지 못한다.

그들이 스스로에게 혹은 다른 누구에게도 절대 시인하지 않을 진실이 있다. 엄밀히 말해 그들이 소유하는 것은 사업이 아니라 직업이다. 평범한 근로 소득자에 비하면 큰돈을 버는 기업가가 많은 것은 분명하다. 그렇지만 관련 데이터는 암울한 이야기를 들려준다. 대부분의 기업가는 주 5일 40시간 일하는 근로자보다 소득이 약간 더 많을 뿐이다. 게다가 한 가지 더 고려해야 한다. 근로자는 아침 9시부터 오후 5시까지 여덟 시간을 빼면 나머지는 온전히 자유 시간이다. 반면 기업가는 1주일에 60~70시간을 일하고도 밤이면 집으로 일거리를 싸 들고 간다.

> 2021년 기준, 기업가의 연평균 소득은 7만 4,000달러, 시간당 35.68달러다. 하위 10퍼센트 기업가는 연 소득이 대략 4만 1,000달러인 반면 상위 10퍼센트 기업가의 소득은 그들보다 약 세 배 많은 13만 4,000달러다."
>
> — **지피아, 구인구직 웹사이트**

▌사랑하는 일에 열정을 쏟아도 돈이 따라오지 않는 이유

이 책이 기업가정신에 관한 내용일 거라고 생각했을지도 모르겠다. 완전히 틀린 것도 완전히 맞는 것도 아니다. 실망스럽더라도 잠깐만 마음을 가라앉힌 뒤 내 이야기를 들어보라. 이 책의 주인공은 패시브프러너다. 그 말인즉슨 우리에게 '누가 월급을 주는가'가 아니라 우리가 '얼마나 일하는가'가 이 책의 주제다. 이것은 훨씬 도발적이고 중요한 질문을 촉발시킨다. 그 질문은 "일을 왜 하는가?"다. 맞다, 자신에게 고용된 자기 고용인만이 아니라 누군가에게 고용된 피고용인 모두가 이 책의 주인공이다.

《톰 소여의 모험》으로 유명한 마크 트웨인이 남긴 유명한 말이 있다. "좋아하는 직업을 찾아라. 그러면 평생 하루도 일하지 않는 것과 같다." 나는 트웨인의 말에 동의하지 못하겠다. 만약 우리가 하고 싶은 무언가로 돈을 벌 수 있는 일자리가 없다면 어떻게 될까? 우리의 시간을 바치고 싶은 무언가로 땡전 한 푼 벌 수 없다면 어쩔 텐가?

'덕업일치'를 현실적으로 생각해보자. 이 세상에 골프로 먹고살 수 있는 사람이 얼마나 될까? 세상을 탐험하는 일은 또 어떤가? 부모가 자녀 양육자나 화가로서 생계를 유지할 수 있을까? 오해하지 마시길. 여기서 말하려는 핵심은 이러한 일부 활동으로 돈을 벌 수 없다는 것이 아니다. 이런 활동이 어째서 가치 있는 목표인가가 가장 중요함을 말하려는 것이다. 궁극적으로 볼 때, 금전적인 보상이 있어야만 이러한 활동이 추구할 가치가 생기는 건 아니다. 한 가지 덧붙이자면, 당신이 애초 이러한 활동을 사랑하는 이유도 돈 때문은 아니다.

순전히 좋아서 일하는 경우를 제외하면 직업을 갖는 것이 최선이 아니며 창업 역시도 정답이 아니라면 뭘 어떻게 해야 할까? 답은 단순하다. 이 두 가지를 만족시켜주는 소득원을 찾으면 된다.

먼저 우리의 경제적인 필요를 충족시켜줄 수 있어야 한다. 또한 우리의 노동력과 시간을 요구하지 않아야 한다. 요컨대 근로 소득 혹은 우리의 시간과 맞바꾼 돈은 이러한 소득원에서 제외된다. 소득 파이프라인을 구축하면 경제적 자유가 생긴다. 그렇게 되면 얼마를 벌지, 심지어 돈을 벌 수 있을지조차 생각하지 않고 원하는 일을 마음껏 할 수 있다.

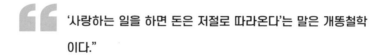

'사랑하는 일을 하면 돈은 저절로 따라온다'는 말은 개똥철학
이다."

— **필자**

자동 소득과 자신의 열정을 좇는 것을 군이 연관 지을 필요 없다. 자동 소득을 창출하고 싶다면, 이 목표를 달성할 수 있는 최선의 방법을 선택하면 된다. 열정으로 돈을 벌겠다는 생각, 덕업일치에 대한 욕심을 버려라. 다시 말하지만 열정이 반드시 금전적인 소득과 연결될 필요는 없다. 또한 무엇이든 우리가 사랑하는 것으로 반드시 소득을 창출해야 하는 것도 아니다.

열정과 소득원을 혼동하지 마라. 반드시 명심할 것이 있다. 인생에서 추구하고 싶은 열정 중에서 우리의 의식주를 해결해주는 열정은 아주, 극히, 매우 드물 것이다. 그리고 열정이 우리의 밥벌이가 되어야 하는 것도 아니다. 당신이 사랑하는 무언가에 헌신하면 저절로 돈이 따라올 거라는 기대를 접어라. 대신 당신이 앞으로 영원히 사랑하는 무언가를 할 수 있도록 돈이 당신을 따라오게 만들어라.

▎의식주를 해결해주는 열정은
아주, 극히, 매우 드물다

관심과 열정을 쏟는 무언가로 돈을 벌 수 있다는 보장은 어디에도 없다. 이것은 우리가 철저하게 속고 있는 최고의 거짓말 중 하나다. 그러니 하루빨리 미몽에서 깨어나는 것이 좋다. 음악을 사랑하고 재능도 엇비슷한 전 세계 500만 명의 음악가 중에서 힙합의 제왕 제이지나 세계적인 팝스타 레이디 가가 같은 뮤지션은 한 명 나올까 말까다. 나머지는 음악으로 입에 풀칠은커녕 한 푼도 벌지 못한다.

제2의 타이거 우즈를 꿈꾸며 매일 팔이 빠져라 연습하지만 끝내 프로로 전향할 기회를 얻지 못하는 골프 꿈나무가 수백만 명에 이른다. 테슬라의 일론 머스크와 아마존의 제프 베이조스 같은 걸출한 기업가가 있는 반면, 몸도 마음도 지치고 경제적으로도 파산한 기업가가 허다하다. 아니, 창업에 대한 열정이 없기에 어쩌면 애당초 기업가가 되어서는 안 되는 창업 바라기들이 수없이 많다.

요컨대 돈의 원천이 우리 삶에서 행복, 충만함, 기쁨을 안겨주는 원천과 꼭 일치할 필요가 없다는 뜻이다. 일이 아니어도 우리 삶에는 지극한 기쁨을 주는 것이 얼마든지 있다. 그러니 열정과 기쁨을 반드시 일을 통해 얻을 필요는 없다. 다른 부분에서 열정을 되살려 분발하라.

여기서는 약간의 부연 설명이 필요하지 싶다. 다양한 설문조사에 따르면, 최소한 두 사람 중 한 사람은 자신의 직업을 좋아하지 않는 걸로 나타났다. 당연한 말이지만 자신의 일을 좋아하는 것을 넘어 진실로 사랑하는 사람은 더 적다. 만약 당신이 이처럼 덕업일치를 이룬 소수의 행운아라면 진심으로 축하한다. 당신은 축복받은 사람이니 지금처럼 계속 꿈의 일을 즐겨라.

이 책의 주인공은 꿩 먹고 알 먹는 소수가 아니라 울며 겨자 먹기를 할 수밖에 없는 다수다. 즉 꿈도 이루고 돈도 버는 운 좋은 사람이 아니라 자신의 직업을 진실로 사랑하지 않지만 일할 수밖에 없는 나머지 모두를 위한 책이다.

 우리는 존재하는 인간human being이지 행위하는 인간human doing이 아니다.”

— 달라이 라마

돈은 다채로운 맛과 다양한 종류를 즐길 수 있는 음식과는 다르다. 돈은 그냥 돈이다. 그 이상도 그 이하도 아니다. 어떻게 벌었는가에 따라 돈의 가치가 달라지지 않는다. 1달러는 누가 사용하든 똑같은 가치를 지닌다. 고로 우리가 무슨 일을 해서 어떤 수단으로 돈을 벌었는지는 중요하지 않다. 물론 윤리적이고 도덕적인 방식이라는 가정하에 말이다. 오늘 아무 노력 없이 생긴 불로소득 1달러나 땀 흘려 번 1달러나 가치는 똑같다.

이 책은 시간과 돈에 관한 이 새로운 접근법을 알려주는 안내서다. 나는 모두가 이번 여정에서 새로운 소득원을 많이 찾았으면 좋겠다. 자동 소득원이 자신의 전문 분야와 무관해도 괜찮다. 심지어는 지금 당장이 아니라 미래에 이루고 싶은 삶의 설계일지도 모르겠다. 그 역시 괜찮다. 잠재적인 자동 소득원과 이 수단을 통해 실질적인 소득을 창출하는 방법을 당장 알고 싶겠지만 조금만 참아라.

먼저 할 일이 있다. 우리는 시간이 돈이라는 말을 귀에 딱지가 앉도록 들었다. 이제는 발상을 전환해야 한다. 시간이 왜 돈이 아닌지 더 확실히 이해해야 한다.

 결국 시간의 문제일 뿐 모든 사람의 생존 확률은 0으로 떨어진다."

— 척 팔라닉, 《파이트 클럽》의 저자

LIFE WORTH

NET WORTH

당신의 시간은 얼마의 가치를 지녔을까

시간은 돈이 아니다,
돈보다 중요하다

　　최저 임금 노동자든 시간당 수백 달러를 받는 의사나 변호사든 우리 모두는 자신의 시간에 값을 매긴다. 우리는 각자 시간을 제공한 대가로 기꺼이 수용하는 액수가 있다. 또한 자신의 시간과 돈을 맞바꾸는 것은 물론이고 이런 교환으로 최대한 이득을 취하는 것에 깊이 몰두한다. 그리하여 자신의 시간이 진실로 얼마의 가치가 있는지 거의 생각하지 않는다.

　　나는 사우스캐롤라이나주의 항구 도시이자 세상에서 가장 아름다운 소도시 찰스턴에 산다. 이곳에는 내가 좋아하는 장소가 수두룩하다. 도심의 역사 근처에 위치한 세인트마이클교회도 내 최애 장소 중 하나다. 특히 교회 뒤편에 자리 잡은 묘지를 자주 방문한다. 속단하지 마시길. 나는 사이코가 아니다.

찰스턴의 묘지가 일반적인 묘지와 같다고 생각하면 큰 오산이다. 고색창연한 교회들의 주변에 점점이 흩어져 숨어 있는 묘지들은 숭고하고 평화로우며 기막히게 아름답다. 또한 한때 찰스턴에서 살다 떠난 보통 사람들의 영원한 안식처인 묘지마다 오랜 역사가 깃들어 있다. 이 묘지들은 관광객이 무리 지어 유료 가이드 투어를 할 만큼 인기 있는 관광 명소다. 방문자들은 묘지 각각이 품은 오랜 역사와 거기 녹아 있는 이야기에 빠져든다.

세인트마이클교회 바로 옆에 내가 좋아하는 석재벤치가 있다. 나는 이 벤치에 앉아 스페인 이끼가 치렁치렁 매달린 거대한 참나무들을 바라보며 망중한을 즐긴다. 수백 년의 역사를 보여주듯 부서지고 무너져가는 묘비들이 내 주변을 에워싸고 있다. 마치 역사 속으로 시간 여행을 하는 기분이다. 17세기까지 거슬러 올라가는 묘비도 많다. 미국 헌법에 서명한 39인 중 두 명이자 사촌지간인 찰스 핑크니Charles Pinckney와 찰스 코츠워스 핑크니Charles Cotesworth Pinckney는 오래전에 잊힌 묘지 주인들과 나란히 잠들어 있다.

그곳을 마지막으로 방문했을 때 나는 그동안 무심코 지나쳤던 것에서 새삼스러운 사실을 깨달았다. 묘비마다 약간의 정보가 적혀 있었다. 그 정보는 묘지 주인의 이름, 망자를 기리는 짧은 문구나 생전의 발언을 새긴 비문, 숫자 두 개였다. 짐작하겠지만 그 숫자는 출생 연도와 사망 연도다. 올해 세워진 것이든 200년 전의 것이든 또는 세월의 흔적으로 다 스러져가는 것이든, 모든 묘비에는 공통점이 하나 더 있다. 두 숫자 사이에 그어진 작은 선이다.

출생부터 사망까지 전 생애를 나타내는 이 작은 선은 그 아래 잠든 고인에게 허락된 시간이 얼마였는지를 보여준다. 몇십 년의 시간이, 무수한 날들이, 셀 수도 없는 분초가 이 선 하나로 전부 표현된다. 인간의 삶이 얼마나 짧은지 이보다 더 단적으로 보여주는 것이 있을까. 우리의 생애는 이토록 짧은 선에 불과하다.

삶이 귀중한 까닭은 끝이 있어서다. 삶은 유한하다. 삶은 늘릴 수도 아껴 쓸 수도 없으며, 미래의 어느 날을 위해 따로 저장해둘 수도 없다. 나는 염세적인 생각은 질색이다. 그렇다 해도 삶이 유한한 것은 사실이며 이는 인간의 숙명이다. 묘비에 새겨진 두 번째 날짜에 이르면 우리의 시간은 끝난다. 우리 세상에는 자원도 부도 기회도 무한하다. 그런데 유독 시간은 너무 부족하다. 이 아까운 시간을 그냥 흘려보낼 텐가? 이 아까운 시간을 남들이 시키는 대로 살며 보낼 텐가?

쉼 없이 흘러가는 시간에 좀 더 주의를 기울이자. 우리가 시간을 어떻게 사용하는지에 대해 남들이 더는 왈가왈부하지 못하게 만들어야 한다. 이제부터는 무엇이 중요한지 우리 스스로 결정하자. 자신이 사랑하는 사람들과 함께하든, 열정을 추구하든, 멋진 인생 경험을 하든 다른 사람이 아닌 자신의 판단에 따르자. 우리 생애의 가치를 돈으로 책정할 수 없다는 사실을 반드시 마음 깊이 새겨야 한다.

INCOME
+ TIME
+ CHOICE
= TRUE
WEALTH ⧗

소득 + 시간 + 선택 = 진정한 부

진정 풍요로운 삶을 가져오는
부의 방정식

나는 지난 몇 년간 다양한 산업에서 눈부신 성과를 자랑하는 고액 자산가들을 두루 만났다. 자신의 분야에서 슈퍼스타로 군림하는 사람도 많았다. 성취자라 불릴 법한 그들은 헛웃음이 나올 만큼 엄청난 부자다. 물질적인 부, 고가의 장난감, 호화로운 저택은 물론이고 명예까지 모두 가졌다. 나는 그들을 존경했고 그들처럼 되고 싶었다. 그리고 시간이 흐르면서 그들 중 일부와는 개인적인 관계로까지 발전했다.

그들과 가깝게 지내면서 나는 한 가지를 깨달았다. 그들의 삶이 바깥에서 보는 것과는 사뭇 다르다는 것을 말이다. 개중에는 심각한 사생활 문제로 힘들어하는 이들도 있었다. 결혼생활이 풍전등화이거나 이미 파탄 난 사람도 있었고, 자녀와 불화와 갈등을 겪는 사람도 있었다. 그들 중 일부는 사업상 지인은 많았지만 깊고 진실한 관계는 극히 드물었고, 수백만 명의 추종자를 거느렸지만 친구는 없었다. 빛나는 경력과 물질적인 부를 제외하면 그들은 내세울 것이 전무하다시피 했다. 뭐니 뭐니 해도 그들의 가장 큰 공통점은 시간이 지극히 부족하다는 점이었다. 슈퍼리치들의 세상에서는 보이는 것이 다가 아님을 나는 비로소 알게 되었다.

그들은 행복했을까? 함구한다는 조건으로 몇몇은 솔직하게 털어놓았다. "빌어먹을, 조금도요!" 물론 모든 슈퍼리치가 불행한 것은 아니다. 하지만 그들 중 행복하지 않은 사람이 유독 많다는 사실에 나는 호기심이 발동했다. 무슨 사정인지 자세히 알아보고 싶어졌다. 그들이 이룩한 성취도 부도 공짜가 아니었다. 그들은 자신이 오매불망하는 '부'를 갖기 위해 기꺼이 모든 것을 바치며 대가를 치렀다. 하지만 곳간을 채우는 일이 정말 모든 것을 다 내어줄 만큼의 가치가 있었을까? 궁금하면 당신이 직접 물어보라. 다만 나는 이미 결론을 내렸다. 내게는 경제적인 풍요가 부를 구성하는 하나의 필요조건일 뿐이며, 절대로 그것 자체를 최우선 순위에 두지 않겠다고.

▎돈이 없어 가난한 사람, 돈이 있어도 가난한 사람

나는 대부분의 사람이 돈과 관련해 다음 둘 중 하나의 현실에 간혀 있다고 생각한다. 하나는 돈이 영원히 부족한 가난한 사람의 현실이다. 다시 말해 돈이 늘 고프고 돈을 충분히 가지지 못하며 죽는 날까지 경제적인 돌파구를 찾지 못하는 현실이다. 우리 주변에는 이미 이러한 현실을 경험했거나 지금 이 순간 그러한 현실에서 허덕이는 사람이 많다. 두 번째 현실은 가난의 굴레보다 훨씬 교활하지만 이것을 나쁘다고 생각하는 사람은 거의 없는, 바로 부자의 현실이다.

 소원을 빌 때는 말이 씨가 되지 않게 조심하라."

— 이솝

당신이 백만장자 혹은 억만장자가 되었다고 가정해보자. 당신은 현금 부자에다가 반짝이는 온갖 고가의 장난감과 물질적인 보상까지, 시쳇말로 없는 것 빼고 다 가졌다. 지금부터 중요한 질문을 해보겠다. 이러한 경제적 부가 당신이 소중히 여기는 다른 모든 것을 내려놓은 대가라면 어떻게 될까? 물질적인 부자가 되기 위해 인생의 황금기를 포기할 수밖에 없었다면 어떨까? 백만장자 혹은 억만장자의 삶이 매년 지난해보다 더 열심히, 더 오래 일해야 한다는 의미라면? 이런 종류의 부를 좇다가 건강이 나빠진다면? 부를 얻기 위해 젊음으로 값을 치러야 했다면?

죽음을 눈앞에 두었을 때 통장 잔고가 무의미해진다고 생각해보

자. 당신이 부를 좇는 사이에 아이들은 성장해 어른이 되었고, 이제 와서 데면데면해진 자녀들과 더 많은 시간을 보내고 싶어진다면? 더 만족스러운 결혼생활, 뜻깊고 친밀한 우정, 영성적 충만함을 원한다면 어떻게 될까? 여기서 한 가지 꼭 알아야 할 것이 있다. 이러한 모든 것은 저절로 얻어지지 않는다. 시간과 에너지는 물론이고 집중력까지 필요하다. 오직 돈만이 당신에게 위안을 줄 거라 생각한다면 결론은 정해져 있다. 당신의 삶을 명료하고 깊이 있게 만들어주는 모든 것을 놓치게 된다.

내가 이렇게 구구절절 말을 늘어놓는 이유가 궁금할 것이다. 더 많이 원하는 마음을 완전히 내려놓고, 깊은 산속으로 들어가 승려처럼 살아야 하느냐고 묻고 싶을지도 모른다. 만일 그게 당신이 바라는 삶이라면 얼마든지 그렇게 하라. 당신이 원한다면 말이다. 하지만 내가 하려는 말은 그런 게 아니다. 많은 사람에게 돈이 목표 그 자체가 되었음을 말하려는 것이다. 이것이 점수를 많이 따서 승자가 되었을 때 죽는 게임과 무엇이 다를까?

 내 평생 영구차 뒤에 짐차가 따라가는 것을 본 적이 없다."
— 그레그 페이지, 영화배우이자 영화감독

그렇다면 해결책은 무엇일까? 부자가 되겠다는 생각을 포기해야 할까? 부와 행복은 상극이므로 공존할 수 없는 걸까? 그렇지 않다.

한 가지만 해결하면 나머지는 저절로 따라오게 되어 있다.

부의 개념을 더욱 완전하게 정의하라. 다시 말해 자신이 원하는 것, 최종적으로 갖고자 하는 것을 목표로 삼아야 한다. 반드시 그렇게 해야만 하는 이유가 있다. 그래야만 자신이 바라는 경제적인 풍요는 물론이고, 그러한 풍요로움을 즐길 시간과 함께 즐길 사람까지 전부 다 가질 수 있기 때문이다.

미국의 투자 정보 사이트 인베스토피디아Investopedia는 부를 '희소 자원을 축적하는 것'이라고 정의했다. 이 정의가 맞다면 또 다른 궁금증이 생긴다. 과연 희소성이란 무엇일까? 먼저 돈부터 생각해보자. 돈은 얼마나 희소할까? 이는 사람마다 다를 수 있다. 늘 돈에 쪼들리는 사람이야 "아주 희소하다!"라고 대답하지 않겠는가.

하지만 돈은 무한하다. 양적으로 보면 이 세상에서 부는 한계가 없다. 예전에는 금과 은 같은 희소 자원을 척도로 부를 측정했지만, 오늘날의 부는 실체가 없다. 컴퓨터 화면이나 스마트폰에 찍히는 숫자일 뿐이다. 무에서 부를 창조할 수도 있다. 혹자들이 생각하는 것처럼 세상의 부는 제로섬 게임이 아니다. 부자가 되기 위해 우리가 다른 누군가의 파이를 뺏어올 필요가 없다는 말이다. 대신 우리가 직접 파이를 구우면 된다. 부는 세상에 무제한으로 존재하니까. 다시 말해 우리가 할 일은 세상에 널린 부를 우리의 삶으로 끌어들이는 것이다.

▌돈은 수단일 뿐 결코 목적일 수 없다

부란 희소 자원을 축적하는 것이라는 개념을 다른 자원들에 적용해보자. 첫 번째 주자는 시간이다. 시간은 희소할까? 우주의 역사를 고려하면 시간은 희소하다고 보기 힘들다. 하지만 안타깝게도 우리 인간은 수십억 년을 살지 못한다. 인간은 누구나 '유통 기한'이 있고 인간의 수명은 은하의 생애에 비하면 찰나에 불과하다. 우리의 생애는 기껏해야 짧은 선 하나 정도다. 이런 관점에서 보면 시간은 지극히 희소하고 가치를 매길 수 없을 만큼 귀중하다.

천연자원의 희소성은 어떨까? 철과 금을 통해 알아보자. 철의 매장량은 금의 수천 배에 달한다. 그리하여 철 1온스(28.349523그램)는 55센트 언저리에서 가격이 형성되지만 금 1온스(31.1034768그램)는 1,800달러다. 즉 금이 철보다 3,300배 정도 더 가치 있다. 금과 철의 상대적인 가치는 각 원소가 지구에서 발견되는 비율과 거의 일치한다. 우리는 바로 이런 식으로 모든 것의 '가격'을 결정한다. 각각의 희소성을 근거로 가격이 매겨지거나 누군가가 그것을 갖기 위해 지불하려는 액수를 근거로 가격이 정해진다. 이것을 자유 시장이라고 부른다.

마지막으로, 우리의 삶과 관련해 희소성에 대한 질문을 해보자. 우리가 삶에서 가장 귀하게 생각하는 자원들은 얼마나 희소할까? 훌륭한 사람은 얼마나 드물고 인간관계는 얼마나 부족할까? 우리의 에너지와 집중력은 얼마나 제한적일까? 이미 고인故人이 된, 사랑하는 사람과의 하루를 돈으로 살 수 있다면 얼마를 지불하겠는가? 이것은 흥미로운 사고 실험이면서도, 우리가 가치의 우선순위를 다시 정하는 방법이다. 우리가 좋은 삶을 살기 위해 획득할 수 있는 모든 자원 중에서 솔직히 돈은 가장 희소한 자원이 아니라 가장 풍부한 자원이다. 그럼에도 돈은 절대적으로 필요하다. 돈이 없으면 우리의 시간, 에너지, 집중력은 물론이고 삶을 자유롭게 해방시킬 수 있는 방법이 없다.

그런데 이렇게 생각하는 사람은 많지 않다. 사회는 금전적인 부자체를 최종적인 목적으로 떠받든다. 하지만 돈은 결코 최종적인 목적이 아니다. 더는 자신을 속이지 말자. 죽은 사람의 얼굴이 새겨진 지저분한 종이 쪼가리를 원하는 사람은 없다. 통장에 찍힌 숫자를 원하는 사람도 없다. 우리가 원하는 것은 돈이 우리에게 사줄 수 있는 대상이다. 오직 돈을 벌려고 자신의 시간과 에너지와 선택을 모두 소비한다면, 우리는 이 과정에서 삶을 잃을지도 모른다.

기억하자. 돈은 수단이지 목적이 아니다. 돈은 도구다. 그리고 도구의 유일한 쓰임새는 더 큰 어떤 목적을 위해 사용되는 것이다.

사람이 만일 온 천하를 얻고도 제 목숨을 잃으면 무엇이 유익하리오."

— 〈마가복음〉 8장 36절

▌진정한 부의 3요소
: 자동 소득, 재량 시간, 자유 선택

혹시 내가 정의하는 부의 의미가 궁금하지 않은가? 나는 진정한 부란 세 가지 요소가 풍부한 상태라고 생각한다. 그 세 가지는 자동 소득, 재량 시간, 자유 선택이다. 이 세 가지 요소를 좀 더 자세히 알아보자.

자동 소득은 최소한의 필수 노동력으로, 획득하거나 유지할 수 있는 현금흐름이라고 정의된다. 그리고 재량적 시간은 우리가 매일 자신의 뜻대로 자유롭게 사용할 수 있는 시간을 말한다. 마지막으로 자유 선택은 삶이라는 무대에서 자신이 원하는 존재가 되고, 자신이 원하는 행동을 하며, 자신이 원하는 것을 갖기 위해 얼마나 자유롭게 행동할 수 있는가를 가리킨다. 이것을 부의 방정식으로 표현하면 이렇다.

자동 소득＋재량 시간＋자유 선택＝진정한 부

이 정의에 따라 세 가지 요소를 확장시켜라. 우리는 두둑한 은행 잔고만이 아니라 풍요롭고 충만한 삶을 누릴 수 있다. 어쨌거나 우리의 경제적인 부가 우리를 위해 타인이 세운 계획과 궁극적으로 연결된다면, 굳이 곳간을 채우려고 힘들게 노력할 이유가 있을까?

이러한 세 요소(자동 소득, 재량 시간, 자유 선택) 각각이 풍부해진다면, 스스로를 위해서는 물론이고 우리가 사랑하는 사람을 위해 특별한 삶을 창조할 능력을 가질 수 있다.

LIFE IS SHORT, GET RICH QUICK

인생은 짧다, 빨리 부자가 돼라

부의 추월차선에 올라라,
그리고 최대 속도를 내라

"빨리 부자가 돼라."

이 말을 들으면 본능적으로 무슨 생각이 드는가? 대부분은 매우 부정적으로 반응한다. 우리는 '부자가 되는 지름길'에 현혹되지 말라는 경고를 자주 듣는다. 벼락부자니 일확천금이니 솔깃한 제안에는 귀를 닫아야 한다고 말이다. 세상에 사기가 하도 판을 치니 많은 사람이 신중해질 수밖에 없다.

하지만 우리가 정말로 경계해야 할 것은 따로 있다. 천천히 부자가 되는 것이다. 이것은 아무리 조심해도 지나치지 않다. 부자가 되는 고속도로는 없다는 걸, 오직 천천히 부자가 될 수밖에 없다는 걸 믿는가? 이것은 영원히 부자가 되지 못할 위험을 감수하는 것과 같다(부자가 되기 전에 우리가 먼저 죽을 수도 있다). 행여 어떻게든 부자가 되더라도 아주 오랜 시간 후, 먼 미래일 것이다.

당신은 어떤지 모르겠다. 하지만 나는 오래 기다릴 시간이 없다. 30~40년 후에나 부자가 되고 싶은 마음은 추호도 없다. 람보르기니에 노인용 보행 보조기를 신고 다니고 싶지 않다. 람보르기니에 보행 보조기가 들어가기나 할까 싶지만.

┃ 부자가 되기 전에 죽을 수는 없지 않은가

나는 또다시 욕먹을 각오를 하고 기꺼이 청개구리가 되려 한다. 아울러 이번에는 나만의 부자 철학도 깜짝 공개할 생각이다. 들을 준비가 되었는가? '빨리 부자가 되는 것'은 사기가 아니다. 빨리 부자가 되는 지름길을 색안경 끼고 볼 때 우리의 능력과 가능성은 제한된다. 이런 믿음은 우리의 눈을 가려 지금 눈앞에 있는 기회들을 보지 못하게 만든다. 우리는 둘 중 하나를 선택해야 한다. 이렇게 제한적인 생각을 품고서 부자가 될 수는 없다. 선택은 우리 각자의 몫이다. 이 제한적인 믿음을 고수할지 아니면 부자가 될지 선택하라.

이제는 진실을 마주할 시간이다. 매일 수많은 사람이 파산을 면하고 빚을 청산하며 경제적인 자유를 쟁취한다. 그들은 무일푼에서 겨우 몇 년 만에 수십만, 수백만, 심지어 수천만 달러의 자산가가 된다. 그중에는 몇 년까지 걸리지 않은 사람도 많다. 이유가 무엇일까? 크게 두 가지다. 먼저 그들은 부자가 되는 고속도로가 사기라는 식의 제한적인 믿음을 갖지 않는다. 또한 그들은 적절한 수단을 사용한다. 이러한 수단에 대해서는 조금 뒤에 알아보자.

누구의 재테크 조언을 따를지 신중하게 선택하라. 지금부터는 부자들의 조언만 받아들여라. 아니, 신속하게 부자가 된 사람들을 재테크 멘토로 삼고 그들의 조언에 집중하는 것이 가장 좋다. 그들도 나와 똑같이 생각하고 빠르게 부자가 될 수 있다고 말할 것이다.

만약 부자가 되는 전통적인 방법을 따르고 있다면, 당신 마음속에 열정의 불씨를 지피지 못하는 일을 하고 있을 가능성이 높다. 또한 언젠가는 노력의 달콤한 열매를 즐길 수 있을 거라는 희망으로 최대한 허리띠를 졸라 맨 채 돈을 모아 투자하고 있을 수도 있다. 그런데 마침내 부자가 되었을 때 반송장이 되어 있다면 어떻게 될까? 이것은 당신이 선택한 수단에 문제가 있어서다. 이에 대한 해결책은 '더 나은' 수단(더 많은 임금, 더 좋은 일자리, 더 열심히 일하는 것)을 찾는 것이 아니다. 아예 '새로운' 수단으로 갈아타는 것이 답이다.

쉽게 비유해보자. 평범한 마차를 타다가 더 빠르거나 더 큰 마차로 옮겨타는 것이 아니라 완전 자율주행 테슬라로 바꾸는 것이라고 생각하라. 더 좋은 방법이 있다. 오늘날 화성 궤도를 비행하는 로켓에 장착된 테슬라로 생각하라. 실제로 이런 일이 있었다!*

│ 새 길을 개척하지 마라, 이미 닦인 길로 나아가라

패시브프러너가 될 수 있는 지름길은 간단하다. 새 길을 개척하는 대신에 이미 닦인 길로 가는 것이다. 즉 사람들이 사용해서 효과가 검증된 지속적인 소득 창출 수단을 찾고, 이것을 당신의 수단으로 만들어라. 이렇게 하면 당신이 직접 효과적인 수단을 재창조할 필요도 없고, 위험을 무릅쓰며 개척자가 될 필요도 없다. 그저 효과가 검증된 기존의 방법을 따르면 그만이다.

이 책에서도 내가 직접 찾아낸 효과 만점의 수단을 찾을 수 있다. 여기에 제시된 것은 자동 소득 혹은 반자동 소득을 창출할 수 있는 가장 효과적인 몇 가지 틈새 수단이다. 아울러 나는 당신이 이러한 수단을 유익하게 사용할 수 있는 방법까지 알려주려 한다.

이외에 온라인 세상에 존재하는 많은 기회를 탐구해보자. 디지털 기회의 최대 장점은 모두에게 가능성의 문이 열려 있다는 점, 즉 공평성이다. 인터넷과 연결될 수 있고 스마트 기기만 있으면 진입장벽은 거의 없다. 더욱이 디지털 세상은 역사상 가장 신속하게 부가 창출되는 공간이다.

이런 이유로 오늘날은 진정한 부를 구축하는 시간이 갈수록 짧

---

* 일론 머스크가 설립한 미국의 우주 탐사 업체 스페이스엑스(Space X)는 2018년 2월 6일 팰컨 헤비(Falcon Heavy)를 처음 발사하면서 테슬라의 전기차 로드스터(Roadster)를 실어 우주로 보냈다. 그리고 로드스터는 2020년 말 화성에 가장 근접했다.

아지고 있다. 단, 조건이 있다. 부를 창출하는 적절한 수단이 있어야 한다. 선택지는 무한하니 걱정하지 마라. 여기에 더해 발상을 전환한다면 훨씬 더 많은 선택지를 찾을 수 있다.

당신에게 맞는 수단을 어떻게 골라야 하느냐고? 이 책의 흐름을 따라오면 저절로 알게 된다. 먼저 나는 최소한의 시간 투자로 최대한의 소득을 창출할 수 있는 필승법을 알려줄 것이다. 그런 다음 자동 소득을 창출하는 수단들에 노력의 초점을 맞추고 집중하는 비결도 공개하려 한다.

이 비결을 알고 나면, 지속적인 현금흐름을 생성시키는 파이프라인을 당장 구축하고 싶어 몸이 근질거릴 것이다. 또한 자동 소득원을 구축할 때 레이저 같은 정밀한 집중력을 유지하는 방법도 알 수 있다. 고도의 집중력을 유지해야만 시간과 노력을 줄일 수 있다. 이역시 걱정할 필요 없다. 집중력을 발휘하고 유지하기 위해 내가 사용하는 몇 가지 비결도 알려줄 테니까. 나중에 알게 되겠지만 이것은 선천적인 재능이 아니라 시간을 투자하면 누구든 충분히 개발할 수 있는 기술이다.

이 여정을 시작하기 전에 먼저 해야 할 일이 있다. 자신과 시간의 관계를 재평가하는 것이다. 그리고 시간과 돈을 결부시키는 생각을 영원히 떨쳐버려라.

BE UNEMPLOYABLE

자발적 실업자가 돼라

Z Z Z

시간과 돈을
'이혼'시켜라

우리 대부분은 어릴 때부터 시간과 돈이 일대일로 교환된다고 배운다. X 양의 돈을 갖기 위해서는 X 양의 시간을 포기한다는 뜻이다. 그러다가 어느 순간부터 게임의 성격이 달라진다. 우리가 포기하는 매시간에 대해 더 많은 돈을 버는 것으로 게임의 목적이 바뀐다. 임금 인상이 대표적이다. 이런 식의 투자 시간당 수익률 향상이 우리의 지상과제가 된다.

시간과 돈을 일대일로 결부시키는 사고방식에는 치명적인 문제가 있다. 하루는 딱 24시간이다. 물론 시간당 소득을 급격하게 늘리기 위해 노력하는 것은 개인의 자유다. 하지만 언제나 끝은 하나다. 소득과 교환할 수 있는 시간의 양은 결국 한계에 도달하고 만다. 이러한 제약은 시급 근로자에게만 적용되는 것이 아니다. 의사와 변호사 같은 최고의 전문직 종사자라 해도 노동 가능 시간이 제한적인 것은 두말할 필요 없다. 또한 시간당 임금이 아무리 높아도 제공하는 노동력에 부과할 수 있는 액수에는 한계가 있게 마련이다.

이제는 시간과 돈을 연결시키는 사고에서 탈출해야 한다. 어떻게 탈출할 수 있을까? 시간과 무관하게 돈을 버는 방법을 배우면 된다. 이렇게 하면 돈과 자유라는 두 마리 토끼를 전부 잡을 수 있다. 더 이상 시간과 돈을 맞바꾸지 않아도 된다는 말이다. 우리가 잠을 잘 때도 우리의 곳간을 채워줄 소득원을 구축할 수 있다. 시간과 돈에 관한 이러한 새로운 사고방식은 이 책에서 탐험할 패시브프러너 세상의 토대다. 이 여정의 끝에서 우리는 돈과 시간이 불가분의 관계라는 생각을 머릿속에서 영원히 몰아낼 수 있다.

▎잠을 자는 동안에도 돈을 벌 수 있다

시간과 돈이 일대일 교환 관계가 아니라는 생각은 아주 오래전부터 내 삶의 나침반 같은 원칙이었다. 그리고 성인이 된 이후 나는 거의 언제나 '자발적 실업자'로 살았다. 대신 자동 소득을 실현시킬 파이프라인을 끊임없이 만들었고, 전 세계를 유랑하면서 경제적 자유가 가져다준 시간의 자유를 만끽했다. 그렇지만 이것은 절대 공짜가 아니었다. 나는 내가 선택한 일들에 무수한 시간을 투자했다. 나는 자동 소득원을 구축하는 방법을 배우고 또 배웠으며, 위기 상황에서도 배움의 끈을 놓지 않았다. 덕분에 자산을 소유·창조·통제하는 법을 터득할 수 있었다.

수천만 달러의 가치가 있는 온라인 비즈니스를 창조하고, 전자책을 출판하고, 디지털 제품들을 판매했다. 또한 현금흐름을 생성시키는 부동산과 기업들을 매수하고, 상업 부동산에 간접 투자하는 방법을 공부해서 내 것으로 만들었다. 이는 나 혼자만의 이야기가 아니다. 나, 당신, 우리 같은 보통 사람들이 매일 패시브프러너의 세상에 입문한다. 설마하니 내가 이 모든 것을 하룻밤에 배웠겠는가. 부를 창출하는 방법을 배우기까지 수년이 걸렸고 나만의 소득 흐름을 생성시키기까지 수많은 시행착오의 시간이 있었다. 궁극적으로 말해 나는 이러한 모든 시간에 확실한 보상을 받았다.

다양한 자동 소득원을 구축함으로써 수백만 달러의 소득 흐름이 만들어졌고, 돈 걱정이 없으니 늘 하고 싶었던 것들을 마음껏 할 수 있는 자유가 생겼다. 전문적인 연기 공부를 시작하고, 전도 사업에 헌신하고, 한 달 동안 자동차 여행을 할 수 있다. 또한 가족이나 친구들과 유의미한 시간을 더 많이 보내고, 내 아이들이 성장하는 모습을 지켜보며 많은 모험을 함께할 수 있다. 요컨대 나는 내 열정을 추구할 수 있다. 이러한 자유는 억만금을 준다 해도 바꾸지 않을 만큼 나를 행복하게 하며 기분 좋게 만든다.

LFOCUS

ON THE

EXPONENTAL

소득이 급격히 불어나는
지수 함수의 힘

　　이처럼 새로운 라이프스타일을 즐기기 전에 나는 몇 가지 발상의 전환이 필요했다. 패시브프러너가 되고 싶다면 이 과정은 누구도 피할 수 없는 일종의 성장통이라 할 수 있다. 나는 무엇을 해야 하는지는 정확히 알았다. 하지만 이러한 것들을 내 삶의 확고한 원칙들로 정립하기 위해 별도의 노력이 필요했다. 가장 중요하면서 가장 최우선이 되어야 할 원칙은 이미 간단히 설명했다. 바로 시간과 돈을 '이혼'시키는 것이다.

　　시간이 얼마나 귀중한 자원인지 이해하고 시간을 돈보다 훨씬 가치 있게 생각할 때, 우리 머릿속에 새로운 사고방식이 자리한다. 이 사고방식이야말로 돈과 시간 모두를 더 많이 생성하는 방법을 이해하는 필승 전략이다. 더 적은 노력으로 목표를 훨씬 빨리 달성할 수 있다고 믿어라. 내가 이러한 사고방식에 대한 산증인이다. 시간과 돈을 동일시하는 패러다임을 거부할 수 있는 힘이 생기고 나서야 비로소 내가 항상 꿈꿔왔던 삶을 실현할 기회들이 눈에 들어왔다. 이러한 기회에는 시간당 25달러 혹은 연소득 10만 달러처럼 임의로 정해진 한계가 없었다.

시간과 노력을 선제적으로 투자할 의지가 있다면, 언젠가는 경제적 자유를 쟁취하는 변곡점에 이를 수 있다. 여기서 잠깐, 나도 안다. 직장에 매인 몸이라면 결과가 불확실한 일에 시간과 노력을 쏟기가 부담스러운 것이 당연하다. 그래도 이 길을 먼저 걸어온 나를 믿고 한번 해보길 바란다. 겨우 얼마간의 자유를 얻자고 매주 40시간을 바치는 삶을 살겠는가? 은퇴하고 고작 4년 살자고 40년 계획에 매달리며 인생을 바치겠는가?

▎부자들의 놀이터에서 놀아야 하는 이유

여기서 한 가지를 꼭 기억하자. 어떤 고소득자도 수입이 기하급수적으로 증가하지 않는다. 가령 은행장이라면 고액 연봉을 받을지언정 내일 기를 쓰고 노력한다고 해서 오늘보다 시간당 열 배 많은 돈을 벌 수는 없다. 당신의 소득은 선형적이고, 소득의 근간이 되는 시간도 마찬가지다.

하지만 소득이 지수 함수의 그래프를 따라 증가한다면 이야기가 달라진다. 내일 당장 오늘보다 열 배 더 버는 것이 가능하다. 이런 환상적인 시나리오의 주인공이 되고 싶다면 한 가지만 하면 된다. 하나든 여럿이든 자동 소득원을 창조하거나 소유하거나 통제하는 것! 최고의 자동 소득원을 찾는 방법은 나중에 차차 알아보자.

지수 함수적, 다른 말로 기하급수적 성장과 관련해 주의할 점이 있다. 얼마간 변화가 아주 미미해서 아무 진전이 없는 것처럼 보이는 경우가 더러 있다. 쉬운 예를 보자. 지금 당장 현금 10만 달러를 받는 방법과 1센트에서 시작해 30일 동안 매일 두 배로 불어나는 방법 중에서 하나를 선택할 수 있다. 당신은 어떤 것을 선택하겠는가? 십중팔구는 전자를 선택하게 마련이다. 10만 달러는 큰돈인 데다 기다릴 필요 없이 바로 받을 수 있으니까. 반면 1센트가 매일 곱절로 증가해봤자 얼마가 되겠냐 싶을 것이다. 10만 달러를 월급이라고 생각한다면 이는 분명 많은 사람에게 꿈의 숫자다.

하지만 지수 함수적 증가의 힘을 이해하는 사람은 다르다. 망설임 없이 두 번째를 선택한다. 1센트를 선택하고 다음 날 그것이 새끼를 쳐서 두 배가 되도록 죽을 힘을 다해 노력할 것이다. 두 번째 선택지가 우리를 패시브프러너로 만들어준다는 걸 기억하라.

두 번째 시나리오에서 무슨 일이 벌어지는지 자세히 알아보자. 한 주 동안 아등바등 노력하고 나면 우리는 64센트를 받는다. 축하한다. 나름 쏠쏠한 재미가 있지 않은가? 어차피 내디딘 걸음이니 이

길을 계속 가기로 결정한다. 어느덧 18일째가 된다. 매일 두 배로 불어났건만 1,300달러를 간신히 넘긴다. 어이가 없어 헛웃음이 나온다. 애걔, 고작 1,300달러 벌자고 3주간 이 짓을 죽어라 했다고? 직장을 때려치우지 않아 천만다행이라며 가슴을 쓸어내린다.

바로 여기서 우리는 지수 함수적 증가의 함정에 빠지기 쉽다. 이제까지 성과가 거의 없었다는 이유로 보나 마나 앞으로도 마찬가지라고 단정한다. 그리고 결국 포기한다. 나나 당신만이 아니라 많은 사람들이 정확히 이렇게 한다. 딱 18일째가 인내심의 한계라는 말이 아니다. 사람에 따라서는 반년이 걸릴 수도 있고, 1년을 버티는 사람도 있다. 요점은 언제가 되건 간에 결국 포기한다는 것이다. 대신에 그들은 월급 10만 달러를 선택한다. 이달에 그리고 올해에 얼마를 벌지 정확히 알 수 있어 마음이 놓인다.

하지만 그들이 선택한 것은 부자가 되는 길이 아니다. 그들이 영원히 모를 진실이 하나 있다. 30일째는 1센트가 530만 달러가 되고, 38일째에는 무려 13억 달러로 불어난다! 이제 실감 나는가? 이것이 바로 지수 함수적 성장이고, 기하급수야말로 부자들의 놀이터다.

▎올바른 경기장에서 뛰고 있다면 믿고 견뎌라

지수 함수의 경로를 선택해 열심히 노력하건만 몇 년 동안 소득이 거의 없는 사람도 드물지 않다. 이런데도 불구하고 이 선택을 기꺼이 감내하는 이유는 딱 하나, 올바른 경기장에서 뛰고 있음을 알기 때문이다. 처음에는 성공의 길을 간다는 기분이 들지 않을지도 모른다. 1센트가 매일 두 배씩 증가해도 1주일 후 겨우 64센트라는 사실을 떠올려보라. 그런데 어느 날, 모든 것이 우상향으로 폭발하고 마치 하룻밤에 성공한 것처럼 보인다. 이제 비로소 당신과 나는 진짜 무슨 일이 있었는지, 그들이 얼마나 영리한지 안다. 그들은 기하급수적으로 증가할 가능성이 있는 소득원을 창출하는 데 집중함으로써 지수 함수의 힘에 승부를 걸었다.

내가 온라인에서 처음으로 돈을 벌었을 때의 일이다. 나는 웹상에서 진행되는 세미나인 웨비나webinar 사업 하나로 하룻밤에 전년도 연봉에 거의 맞먹는 액수를 벌었다. 온라인에서 처음 돈맛을 보고 몇 주 안 돼 17만 8,393달러의 소득을 올렸다. 여세를 몰아 43일째에는 100만 달러 고지를 정복했고, 투콤마클럽Two Comma Club*의 회원이 되었다. 그러자 나 역시도 하룻밤에 성공한 벼락부자처럼 보였다.

하지만 벼락성공이 아니었다. 나는 마케팅 공부를 시작으로 8주짜리 디지털 강좌 기획, 수업 자료 작성, 제작, 출시까지 꼬박 1년을 투자했다. 또한 이 강좌를 위한 90분짜리 웨비나와 슬라이드 덱slide

---

* 디지털 마케팅 플랫폼 클릭퍼넬스닷컴(ClickFunnels.com)을 통해 100만 달러 이상의 소득을 달성한 온라인 기업가들로 이루어진 커뮤니티

deck을 만들었다. 이뿐일까? 나만의 세일즈 퍼널^{sales funnel}*을 구축했고 인터넷 마케팅을 배우기 위해 열 권이 넘는 책을 공부했다. 그해에 얼마를 벌었느냐고? '0원'이다. 진짜다. 동전 하나도 구경하지 못했다. 반면 그해에 나는 '생돈'으로 수천 달러를 꼬라박았다. 돈만이 아니다. 나는 무수한 시간을 투자했고 사교 활동을 일절 중단하는 등 여러 실질적인 희생을 감내했다.

내가 그런 시간을 어떻게 견뎠는지 궁금할 것이다. 쉽게 말하면 나는 '백수'였다. 뭘 먹고 살았느냐고? 당시는 나의 첫 자동 소득원이 사실상 독자적으로 소득을 창출하고 있어 내 밥줄 노릇을 톡톡히 해줬다. 이미 자동화가 이루어져 1주일에 겨우 몇 시간 관리하는 것 외에 내가 달리 할 일이 없었다. 더욱이 내가 두 번째 소득원을 구축하기 시작했을 때 1호 자동 소득원은 연간 수십만 달러를 퍼올리는 현금 우물이 되어 있었다. 그때가 2017년이었는데, 이 글을 쓰는 현재까지도 자동 소득원 1호와 2호 두 개를 합쳐 수백만 달러를 창출한다.

대부분의 직업에는 소득을 급격하게 증가시키는 힘이 없다. 임금은 사용자가 근로 제공에 대한 대가로 기꺼이 지불하려는 액수를 초과하지 못한다. 부자가 되고 싶다면 방법은 하나뿐이다. 우리가 얼마를 벌 수 있을지 잠재적인 최고 소득액에 한계를 두지 않는 수

---

* 영업 퍼널, 퍼널은 깔때기라는 뜻으로 고객이 상품이나 브랜드를 인지하고 구매하기까지의 단계를 말한다.

단이 있어야 한다. 우리가 할 일은 그런 수단 중 하나가 반드시 성공하도록 만드는 것이다. 정말 멋지지 않은가.

자동 소득원을 구축하기 위해 노력하다가 중도에 포기하는 사람이 많았다. 하지만 나는 넓고 깊은 현금 우물을 팔 수 있었다. 내 성공 공식이 효과를 발휘한 건 내가 그들보다 똑똑해서가 아니었다. 또한 어떤 것이든 부당한 특혜도 일절 없었다. 내가 믿을 유일한 무기는 '꺾이지 않는 마음' 뿐이었다. 지수 함수의 힘에 대한 꺾이지 않는 믿음이 다였다.

당신도 할 수 있다. 먼저 지수 함수적 성장 잠재력을 가진 자산을 구축하기 위해 시간을 투자하라. 그런 다음 이 잠재력이 폭발할 때까지 인내하며 기다려라. 당신은 절대 마르지 않는 현금 우물을 가질 수 있다.

패시브프러너가 되는
2단계

그들은 답을 알고 있다,
일하지 않아도
돈과 시간이 풍족한 삶

DEATH TO ALARM CLOCKS

더 이상 알람은 필요 없다, 알람 시계를 죽여라

스스로 직장을 해고하고
패시브프러너로 맞은 첫날

어느 날 나는 알람 시계를 죽였다. 지금도 그날이 생생히 기억난다. 시계를 벽에 힘껏 던졌다. 석고벽에 반쯤 박혔을 정도로 아주 세게. 하지만 섣불리 판단하지 마시길. 나는 어느 모로 보나 폭력적인 사람이 아니다. 그날도 홧김에 성질을 못 이겨서 혹은 한창 싸우다가 감정이 격해져서 시계에 분풀이한 것이 아니었다. 나는 너무나 기쁜 마음으로 시계를 죽였다. 내가 직장을 '해고'한 바로 다음 날이었다.

얼마나 학수고대한 날인지 모른다. 나는 역사적인 그날을 그냥 넘어갈 수 없어 혼자만의 축하 의식을 치르기로 했다. 해가 중천에 뜰 때까지 늘어지게 늦잠을 자는 것으로 자축할 생각이었다. 그런데 아침 6시 15분에 알람이 단잠을 깨우는 게 아닌가. 나는 짜릿한

희열을 느끼며 시계를 냅다 던졌다. 따뜻한 이불 속으로 다시 파고들면서 언젠가 내 멘토 한 사람이 했던 말을 떠올렸다. "진정한 자유는 알람 시계가 전혀 필요하지 않다는 뜻이지요."

운명의 그날이 오기 전까지는 다람쥐 쳇바퀴 돌듯 똑같은 일상의 반복이었다. 아침에 일어나면 제일 먼저 몸서리치는 두려움이 온몸을 날카롭게 관통했다. 두려움이 나를 삼키기 전에 나는 따뜻하고 아늑한 이불을 박차고 일어났다. 그런 다음 좀비처럼 비틀거리며 주방으로 가서 정신이 들도록 진한 블랙커피를 한 주전자 들이켰다. 그러고도 두렵고 불안한 마음이 가시지 않아 뭔가에 쫓기듯 차로 달려가 시동을 걸었다. 어느샌가 나는 '나처럼 침대로 다시 돌아가고 싶은 기색이 역력한' 불쌍한 중생들과 꽉 막힌 도로에 갇혀 있었다.

 월급은 당신이 꿈을 잊도록 회사가 주는 뇌물이다."

― 크리스얀 페테르스, 힐리 부사장

사무실에서의 하루도 뻔했다. 회사에서는 어차피 그날이 그날이었으니까. 분위기상 할 수 없이 동료들과 쓸데없는 잡담을 나누었다. 관심은 고사하고 솔직히 인간으로서 좋아하지도 않는 동료들이었지만, 그들은 인생이 구리다는 둥의 불평을 늘어놓았고 나도 건성으로 맞장구를 쳤다.

업무도 거기서 거기였다. 적은 날은 한 가지 일을, 많은 날은 세 가지 일을 끝내면 오전이 후딱 지나가고 점심시간이 되었다. 서너 시경 나른한 오후 슬럼프가 찾아오면 전화가 울리지 않는 틈을 타 잠시 눈을 붙일지도 모르겠다. 그리고 퇴근 시간이 될 때까지 반년 후의 휴가 계획을 세운답시고 인터넷으로 '눈팅'하며 하릴없이 시간을 때울 게 틀림없었다. 어차피 대부분의 휴가지가 내 형편으로는 그림의 떡이었다. 다음 주라고 다를까? 똑같은 나날이 반복되었다.

하지만 그날 아침은 달랐다. 마치 지난 8년간 부족했던 잠을 한꺼번에 몰아서 잔 것 같았다. 오후에 드디어 침대에서 나왔을 때는 약간 불안해졌다.

지금 당장 무언가를 해야 하는 건 아닐까? 지금 이 시간에 집이 아니라 다른 어딘가에 있어야 하지 않을까? 일하고 있어야 하는 거 아닐까? 매일 늦잠이나 자려고 복지 혜택과 연금, 게다가 상당한 연봉까지 보장되는 안정적인 일자리를 박차고 나온 천하의 바보란 말인가? 나라는 인간은 밥이나 축내는 게으름뱅이일까?

나는 얼른 컴퓨터로 달려가서 에어비앤비 계정에 로그인했다. 당시 나는 숙소 네 곳을 운영하고 있었다. 네 곳의 매출을 합해보니 그날 내 일당은 대략 1,200달러였다. 내가 어제까지 직장에서 받았던 1주일 치 실질 임금보다 더 많았다. 나는 가상 팀virtual team이 숙소 네 곳의 청소부터 투숙객과의 연락까지 관련 업무를 완벽히 처리해준다는 사실을 떠올렸다. 하긴 그러려고 그들을 고용한 것이다.

내가 개입하지 않고도 내 작은 사업이 순조롭게 굴러갈 수 있게 하려고. 나는 컴퓨터 앞에 앉은 채 생각했다. 내 삶이 이토록 멋지게 변하다니, 혹시 꿈은 아닌가 싶었다. 그런 다음 깊은 안도의 한숨을 내쉬었다.

어찌 생각하면 내가 하고 있는 일이 떳떳해 보이지 않았다. 불법이라는 말이 아니다. 불로소득이라서 양심의 가책이 느껴졌다고나 할까. 하지만 남들은 몰라도 나는 잘 알았다. 내가 지난 세월 아주 열심히 '일했다'는 것을. 이 자동 소득원을 구축하기 위해 나는 무수한 시간을 헌납했고 피와 땀과 눈물 어린 노력을 쏟아부었다. 이 모든 것의 목표는 하나였다. 별다른 관리를 하지 않아도 이 자동 소득원이 자동적인 현금 파이프라인이 되는 것이다.

패시브프러너로 사는 삶은 짜릿하다.
하지만 결코 쉬운 길이 아니다.
우연히 갈 수 있는 세상도 아니다.
한동안은 더 열심히 일할 각오가 필요하다."

— **필자**

시간을 현재로 돌려보자. 나는 지난 몇 년간 수천 명의 사람이 이 여정을 성공적으로 완주하고 나처럼 알람 시계를 부숴버리도록 도왔다. 나는 그들에게 명실상부한 패시브프러너로서의 삶이 시작되는 디데이에 어떤 기분이 드는지 알려 달라고 요청했다. 아침에 일어나서 완벽한 자유를 경험하는 그날 말이다.

패시브프러너의 세상은 짜릿하다. 하지만 이 세상의 일원이 되고 싶다면 실질적인 로드맵을 수립해야 한다. 걱정하지 마라. 로드맵은 나한테 맡기면 되니까.

다시 말하지만 하룻밤에 이룬 성공이라는 말은 잊어라. 그곳은 어느 날 아침 우연히 갈 수 있는 세상이 아니다. 일확천금이니 벼락부자니 하는 말로 사람들은 그것이 달콤한 유혹이라도 되는 양 말한다. 하지만 실제로 쉬운 길이 아니다. 이왕지사 말이 나온 김에 툭 까놓고 말하겠다. 마침내 직장을 때려치울 수 있는 수준에 이를 때까지 한동안은 더 열심히 일하되 선택권과 자유는 더 없을 수도 있음을 각오하라.

SEEDS FEED YOU FOR A DAY,
PLANTED SEEDS FEED YOU FOR LIFE

빵을 만들어 오늘 하루 배불리 먹겠는가,
밭에 심어 평생 배불리 먹겠는가

오늘 당장 소비할까,
농사지어 수확할까

당신이 성공적인 패시브프러너로 변신해 직장을 해고할 수 있을 때까지는 현재의 고정적인 소득원을 유지할 필요가 있다. 과감하게 경로를 전환해야 하는 시점에 대해서는 나중에 자세히 알아보자.

무엇보다 첫 번째 자동 소득원을 구축할 밑천을 마련하는 일이 급선무다. 수입은 그대로인데 별도로 돈을 모아야 하니 당신이 어떤 선택을 할지 보나 마나다. 허리띠를 졸라매 지출의 군살을 빼는 데 집중할 것이다. 허리띠를 일찍 졸라맬수록 더 적게 일하고도 더 많이 벌 수 있는 위치에 더 빨리 도달할 수 있다. 지출 다이어트는 3단계로 이루어진다.

1단계: 종잣돈을 모아라

씨앗은 크게 두 가지 용도로 사용할 수 있다. 당장 소비하거나 아니면 밭에 뿌리는 것이다. 밀 한 자루가 있다고 생각해보자. 가루로 빻아 맛있는 빵을 구울 수 있다. 하지만 이 탄수화물 덩어리는 냠냠 다 먹고 나면 그걸로 끝이다. 더 이상 밀은 없다. 당신은 밀로 즐거움을 맛보았지만 그 즐거움은 딱 한 번으로 끝났을 뿐이다.

 절약이란 그 목적이 무엇이건 간에 훗날 더 큰 것을 갖기 위해 지금 당장 무언가를 갖고 싶은 욕구를 참는 것이다."

— 진 채츠키, 허머니닷컴 창업자

빵을 만들어 먹는 대신 밀을 들에 파종한다면 어떻게 될까? 이듬해에 평생 빵을 만들 수 있는 충분한 밀을 수확할 것이다. 빵이 돈의 속어로 사용되는 이유가 바로 여기에 있다.

그렇다면 우리 대부분은 어째서 '돈 나무'로 자랄 종자로 사용하지 않고 당장 먹어버릴까? 오늘 눈앞에 놓인 빵을 먹는 것이 농부가 되는 것보다 훨씬 쉬워 보이기 때문이다. 갓 구워 따끈하고 맛있는 빵에 버터와 잼을 듬뿍 발라 먹는다고 생각만 해도 군침이 넘어간다. 반면 매일 꼭두새벽에 일어나 트랙터 시동을 거는 삶은 어떤가? 그리 매력적이지 않다.

사람들이 부자가 되지 못하게 방해하는 커다란 장애물이 무엇이라 생각하는가? 내가 보기에 주된 장애물은 밑천, 즉 시드 머니다. 위험을 무릅쓰는 모험을 감행하거나 투자할 수 있는 여유 자본을 만들지 못하는 게 문제라는 말이다. 이렇게 보면, 여유 자금을 만들기 위해 독창적인 방법이 필요할지도 모르겠다. 돈을 빌리는 것도 하나의 방법일 수 있지만, 나는 자신의 돈을 사용하는 것이 가장 좋다고 생각한다. 수입이 빤한데 어떻게 시드 머니를 모을 수 있느냐고? 나라면 실소득의 최소 20퍼센트를 따로 떼어놓겠다.

미국의 노동통계국Bureau of Labor Statistics, BLS은 매년 미국 가정의 평균 예산을 항목별로 세분화해 발표한다. 걱정하지 마시길. 노동통계국이 발표하는 모든 항목과 각 항목의 수치를 전부 나열해 당신을 지루하게 만들 생각은 꿈에도 없으니까. 그 자료들을 일목요연하게 단순화하는 방법을 내가 안다. 관련성 높은 데이터끼리 한데 묶어 범주화하면 된다. 잠재적인 모든 비용을 세 개의 범주로 나눠보자. 이렇게 하면 가성비가 나쁜 최대 지출 항목이 무엇인지 단박에 알 수 있다. 이런 돈이 훗날 자동 소득원이라는 나무로 자랄 종자가 되어줄 것이다.

● 주거비: 예산의 35퍼센트

주거비부터 해부해보자. 가계 예산에서 평균 3분의 1 정도가 집에 들어간다. 주거비는 우리 생애에서 가장 많이 지출하는 단일 항목이다. 여기서 많은 돈을 절약할 수 있으므로 가장 먼저 살펴보는 것이 당연하다.

당신이 1인 가구라면, 얼마 동안 룸메이트를 들여라. 한 명이든 두 명이든 형편에 맞게 선택하면 된다. 노는 방이 있다면 에어비앤비에 임대 숙소로 등록하고, 주말에 임대하는 것을 고려하라. 임대하는 일수日數 또한 형편에 맞게 선택하면 된다. 꽤 쏠쏠한 돈이 된다. 나는 상시적인 자동 소득원으로 전환하기 전에도 에어비앤비 숙소로 임대해 월세와 공공요금을 거뜬히 충당할 수 있을 만큼 벌었다. 맞다, 나는 아파트 해커였다.*

자가自家라면 당장 대환대출refinancing을 알아보라. 유리한 조건을 찾아 대출 환승을 잘하면 월 상환액을 줄일 수도 있고, 어쩌면 한두 달 치의 상환액을 신규 대출에 얹을 수도 있다. 이는 그만큼의 여윳돈이 당장 생긴다는 뜻이다. 이참에 주택보험도 갈아타면 좋다. 여러 보험사의 상품을 비교해서 요율이 낮은 보험을 선택하라. 이러한 주거비 다이어트로 최소 5퍼센트에서 최대 35퍼센트까지 절약할 수 있다.

● **경상비: 예산의 50퍼센트**

경상비recurring expenses는 일관되게 발생하는 필수 생활비로, 예측

---

* 미국에서 하우스 해킹(house hacking)은 개인이 다세대 주택을 구매해 한 세대에 거주하고 다른 세대는 임대해 주택담보대출과 비용을 충당하는 부동산 투자 전략을 말한다.

이 가능하다. 경상비는 총지출의 절반을 차지하며, 자동차 할부금, 주유비, 각종 수리·보수 비용, 보험료, 건강관리 비용, 식비, 퇴직 연금 납입금, 대출 상환액 등등이 포함된다. 이들 비용 대부분은 꼭 지출해야 하는 비재량적non-discretionary 지출이다. 이것을 뒤집어 생각하면, 경상비는 우리의 노력 여하에 따라 충분히 절약할 수 있다는 뜻이다.

어떻게 절약해야 하느냐고? 가령 외식이나 배달 음식을 완전히 끊고 집밥족이 되어보자. 더 나아가 쌀밥과 콩을 주식으로 바꿔보자. 너무 가혹하다면 요리에 콩과 쌀을 섞어라. 강력한 동기부여가 필요한가? '먹는 즐거움'을 포기하라. 밥상에 앉아 입에 안 맞는 음식을 억지로 씹을 때마다 당신이 목표를 달성하기 위해 어떤 결심을 했는지 생각날 것이다. 나중에 돈과 시간이 많아지면 그때는 주말마다 최고의 핫플 맛집과 술집을 순례하고 좋아하는 음식을 볼이 미어터지게 먹어도 된다. 하지만 지금은 아니다. 스타벅스에 발길을 끊어라. 간식을 완전히 끊을 수 없다면 드라이브스루를 이용하는 것도 방법이다.

모든 보험은 요율이 낮은 상품을 찾아 선택하라. 지난 몇 년간 보험료 다이어트에 신경 쓰지 않았다면 놀라운 효과를 볼 것이다. 뜻이 있는 곳에 길이 있다지 않는가. 찾아보면 지출의 군살을 뺄 수 있는 방법은 반드시 있다. 이런 자린고비 생활로 5~10퍼센트까지 경상 지출을 줄일 수 있다.

●재량 지출: 예산의 15퍼센트

지금부터는 즐길 준비를 하라. 이 항목에는 뼈에 붙은 살이 아주 많다. 앞의 두 항목에서 20퍼센트를 절약할 수 없다면 이 항목에서 제대로 만회할 수 있다.

먼저 재량 지출에 낙인을 찍어라. 이것을 다른 모든 필수 비용을 지불하고 남은 돈이 새어나가는 균열로 생각하라. 자신에게 물어보라. '내 돈이 다 어디로 갔을까?' 정답은 바로 재량적 지출이다. 이러한 지출은 무의식적으로 이뤄지는 충동구매가 주범이고, 충동구매는 대체로 니즈가 아닌 원츠의 결과물이다.

마음을 단단히 먹어라. 지금부터 내가 들려주는 말에 약간 마음이 상할지도 모를 테니.

유쾌하지 않은 소식이 있다. 미국의 시사 주간지 〈유에스뉴스앤드월드리포트U.S. News & World Report〉는 보통 사람이 TV와 각종 스트리밍 서비스에 하루 평균 3.1시간을 소비한다고 발표했다. 지금부터 이런 모든 활동을 끊어라. 케이블이나 넷플릭스는 우리 삶의 필수 요소가 아니다. 장담하건대 이런 활동을 하지 않는다고 죽지 않는다. 필수적이지 않은 모든 것을 해지하라. 판도라, 스포티파이, 아마존의 오디오북 플랫폼 오더블Audible, 인공지능에 기반해 맞춤화된 패션 스타일링을 추천하는 스티치픽스Stitch Fix, 독서 클럽, 핫소스 정기 배송 서비스인 핫소스오브더먼스클럽Hot Sauce of the Month Club 등을 당장 끊어라.

절대 포기할 수 없는 성역 따위는 없다. 오락과 문화생활, 사교 모임, 패션, 데이트에 돈을 쓰지 마라. 죽어도 연애를 해야겠다면 짠돌이가 될 각오를 해야 한다. 공원이나 동물 보호소를 찾는 등 짠내 데이트를 하면 된다. 그러면 정말 많은 돈을 절약할 수 있다.

이런 모든 짠테크 제안이 가혹하게 들릴 수 있다. 하지만 자린고비의 삶을 선택하는 하루하루는 당신의 뇌가 행동하도록 만드는 기폭제가 될 것이다. 평소 무심코 즐기는 것을 포기할 때마다 당신의 잠재의식에 지금은 여유 부릴 시간이 '아니다'라는 신호를 보내게 된다. 지금은 평상시가 '아니다'. 기필코 이번은 다를 것이다. 새로운 차원의 결과를 원한다면 극단적인 접근법이 필요하다. 이렇게 된 마당에 모든 자유 시간과 돈으로 당신의 꿈을 실현하기 위해 노력하는 것 말고 무엇을 하겠는가.

위안이 될지 모르겠지만 나도 예전에 지금 당신과 똑같은 상황에 놓여 있었다. 나는 내게 필요한 도구와 지식과 도움을 얻을 수 있는 자원을 마련하기 위해 지출의 20퍼센트를 줄여야 했다. 내 삶을 급진적으로 변화시킬 작정이라면 내가 어떻게 해야 하는지 자명했다. 내가 돈과 시간을 소비하는 패턴과 습관을 변화시켜야만 했다. 허리띠를 졸라매 씀씀이를 줄이고 비필수적인 지출을 포기하면, 자유가 줄어들 거라 생각하지만 그렇지 않다. 이것이야말로 재정 다이어트의 묘미다. 우리는 더 자유로워질 수 있다!

2단계: 가차 없이 줄이고 줄여라

내 이야기를 좀 더 해보겠다. 나는 종잣돈 마련 프로젝트를 시작한 초기에 오락 항목의 지출을 대폭 줄였다. 일단 TV 케이블을 해지했고 스트리밍 서비스를 끊었으며 소셜미디어 앱을 전부 삭제했다. 당신이 무슨 말을 할지 잘 안다. 분명 "너무 극단적이야."라고 할 터다. 그렇지만 18세기 수도승처럼 산다고 해도 죽지 않는다. 더구나 이 과정에서 어부지리로 얻게 되는 것도 있다. 자존감이 높아지고 무의미한 것들과 손절하는 기회가 되기도 한다.

이참에 생각해보자. 나중에 한꺼번에 몰아서 봐도 되는 드라마나 쇼프로그램을 당장 보지 않는다고 삶의 질이 정말로 나빠질까? 지출은 물론이고 주의를 분산시키는 요소들을 당신은 매몰차게 쳐낼 수 있다. 이렇게 하면 여윳돈과 자유 시간이 많아진다. 의식주는 당연히 인간 생활에 필수적인 기본 요소다. 하지만 오락은 삶의 필수 요소가 아니다. 한동안은 오락을 포기하라. 오락에 쓰는 에너지와 시간을 유익한 다른 곳에 써야 한다.

케이블을 해지하면 리모컨을 잡을 때마다 당신의 목표를 상기하게 된다. 바로 이것이 오락을 포기할 때 얻을 수 있는 최고의 장점이다. 오락으로 무심하게 낭비했을 시간을 이제는 당신에게 자유를 가져다줄 무언가를 구축하는 데에 투자할 수 있음을 또다시 마음에 새길 것이다. 오락에 예리한 칼을 가차 없이 휘두를수록 자유의 시간이 앞당겨진다.

　내가 디지털 강좌 판매를 두 번째 자동 소득원으로 선택했을 때였다. 어찌 보면 무모한 결정이었다. 당시 나는 디지털 비즈니스에 관해서는 완벽한 문외한이었으니까. 하지만 나는 한 가지를 정확히 알았다. 궁극적으로 볼 때 나를 중단시킬 수 있는 것은 둘 중 하나였다. 내가 포기하거나, 내 주의가 분산되는 것. 특히 주의가 쉽게 산만해지는 것이 내 아킬레스건이었다. 그래서 나는 이 약점을 극복하기 위해 스스로에게 이렇게 말했다. "100만 달러를 모을 때까지 한가하게 TV를 보거나 소셜미디어에서 노닥거릴 '자격이 없어.'"

　　삶에서 극단적인 결과를 원한다면 독해져야 한다.
　　나는 돌아갈 배를 불태우는 마음으로 임했다.
　　어려웠느냐고? 모르면 말을 마라.
　　그럴 가치가 있었느냐고?
　　두말하면 입 아프다."

— **필자**

　내게는 이것이 마치 '돌아갈 배를 모두 불태우는' 순간처럼 느껴졌다. 다른 말로 사생결단의 자세로 배수의 진을 쳤다. 나는 평소라면 오락으로 소일했을 1분까지 마음을 다잡고 공부에 매달렸다. 휴식을 포기하고 엄격한 자기 규율을 선택한 것이다. 어려웠느냐고?

모르면 말을 마라. 그럴 가치가 있었느냐고? 두말하면 입 아프다.

삶에서 극단적인 결과를 원하는가? 그럼 독해져야 한다. '돌아이'가 돼라. 내가 얼마나 지독했는지 정말 궁금한가? 당시 나는 독신이었는데 몇 달간 데이트를 전혀 하지 않았다. 오직 내 목표를 달성하는 데만 집중했다. 내가 어떤 희생을 하는지 뼛속까지 느꼈고, 이것은 내가 성공을 향해 로켓처럼 비상할 수 있는 강력한 추진력을 제공했다. 나와 똑같은 것들을 포기하라는 말이 아니다. 무엇을 포기할지는 각자가 선택할 몫이다. 다만 희생은 선택이 아니라 '필수'다. 자신이 목표를 달성하는 데에 직접적이고 즉각적으로 도움이 되지 않는 것은, 두 눈 질끈 감고 가차 없이 줄여야 한다. 미루지 말고 무엇을 어떻게 줄일지 오늘 당장 결정하라.

▎ 3단계: 절약한 돈으로 흐름을 생성시켜라

이제는 경제적 자유로 가는 로드맵의 마지막 단계에 이르렀다. 앞의 단계들을 성실히 따랐다는 가정하에, 당신은 몇 가지를 희생했고 지출을 대폭 줄였으며 자유를 사는 밑천이 되어줄 얼마간의 현금을 만들었다. 이 로드맵에서는 마지막 단계가 특히 중요하다. 근로 소득을 자동 소득으로 피버팅하는, 다시 말해 종잣돈을 현금흐름으로 전환시키는 단계이기 때문이다.

종잣돈으로 자동 소득원을 구축하는 방법은 세 가지다. 첫 번째는 DIY$^{doing\ it\ yourself}$ 접근법이고, 두 번째는 내가 학습-일 병행$^{learning\ and\ earning}$이라고 명명한 방법이다. 마지막은 역할 모델 따라 하기다. 지금부터 하나씩 자세히 알아보자.

SAY
GOODBYE
TO DIY

DIY와 작별하라

쥐뿔도 모르면서
직접 하려고 나서지 마라

　　　근로 소득으로 마련한 종잣돈으로 자동 소득원을 구축하는 방법에는 세 가지가 있음을 언급했다. 각각에 대해 보다 자세히 살펴보자.

| 시간, 에너지, 돈 모두를 낭비하는 DIY 접근법

　　종잣돈을 사용하는 가장 명쾌한 방법은 스스로 길을 개척하는 DIY 접근법이다. 이것의 장점은 우리가 모든 것에 완벽한 통제감을 느낄 수 있다는 것이다. 하지만 DIY는 최선인 동시에 최악의 방법으로, 이른바 양날의 검이다. 문제는 우리가 선택하고 실천하는 행동으로 우리가 원하는 결과를 얻을 수 있을지 확실하지 않다는 데 있다. 우리는 경험한 적 없는 생소한 비즈니스나 틈새시장에 발을 들였을 가능성이 크다. 이는 캄캄한 어둠 속에서 길을 찾아가는 것과 다르지 않다. 구글에서 창업하는 방법을 검색해 그대로 따라 하는 사람도 있겠지만, 그것이 자동 소득원을 구축하는 가장 효율적인 방법은 아니다.

DIY 방식에는 문제가 하나 더 있다. 힘들게 지출의 20퍼센트를 줄여 종잣돈을 모았다고 하자. 그런데 이 돈을 불릴 최적의 투자처가 어디인지 모른다면 어떻게 될까? 쉬운 예를 보자. 내가 맨 처음 온라인 비즈니스를 시작했을 때의 일이다. 나는 도메인, 마케팅 소프트웨어, 최신 노트북처럼 필요하다고 생각하는 것들에 돈을 썼다. 이러한 도구가 신속하게 일을 시작하는 데 도움이 될 거라는 판단에서였다. 결과부터 말하면 나는 헛돈을 쓴 셈이었다. 내가 목표를 향해 나아가는 데 직접적으로 도움이 된 것은 거의 없었다. 가령 시작 단계에서 새 컴퓨터 따위는 전혀 필요하지 않았다. 불필요한 도구들을 장만하느라 아까운 돈만 줄줄 새나갔다.

나는 쥐뿔도 모르는 일을 시작하면서 제대로 된 준비도 실질적인 전략도 세우지 않고 주먹구구로 행동하며 돈을 허비했다. 완전히 시간 낭비에 돈 낭비였다. DIY 방법으로 성공하는 사람은 100명 중 한 명에 불과하다. 나머지 99명은 창업의 꿈을 실현하기 한참 전에 빈털터리가 된다.

| 돈을 받으면서 기술도 배우는 '학습-일' 병행 모델

이 방법을 본격적으로 알아보기에 앞서 짜증 나는 이야기부터 해보려 한다. 다소 열을 받긴 하겠지만 한편으론 당신에게 유익한 자극제가 될 것이다. 당신이 오늘 대학을 졸업한다고 가정해보자. 졸업하고 곧바로 취업할 가능성은 동전 던지기에서 이길 확률과 거의 비슷하다. 즉 기껏해야 50퍼센트다. 어떤 조사에 따르면, 대학 졸업자의 약 절반이 졸업 후 1년간 직장을 구하지 못한다고 한다.[1] 심지어 대학 졸업 후 첫 일자리에 안착하기까지 수년이 걸리는 사람도 많다.

어렵사리 구직에 성공해도 다가 아니다. 이들 중에서 어떤 식으로건 자신의 전공과 관련 있는 일자리를 구하는 비율은 겨우 25퍼센트다.[2] 심지어 40퍼센트는 아예 학위가 필요 없는 일을 시작한다.[3] 정말 말도 안 되는 현실 아닌가.

시간은 차치하고 학위 취득 비용을 생각해보라. 주립 대학에 다니기 위해 기숙사에서 생활하고 거주민in-state 학비를 적용받는다 치면 4년에 총 10만 1,948달러가 필요하다. 사립 대학의 경우는 더 심각하다. 4년에 무려 21만 2,868달러가 든다. 여기에다가 학자금 대출 이자와 4년간 일하지 못해 발생하는 기회비용까지 합치면, 학사 학위를 취득하는 데 드는 진짜 비용은 최대 40만 달러에 이를지도 모른다.

자신의 교육에 이토록 막대하게 투자하고 충분한 보상을 받는다면 누가 뭐라 하겠는가. 안타깝지만 현실은 그렇지 못하기에 문제가된다. 현실에서는 대부분의 대학 졸업자가 투자 수익을 내지 못하고 있는데도, 우리는 이러한 사실에 둔감하다. 고등 교육 산업이 대학 경험 자체에 교육의 진정한 '가치'를 부여하는 까닭이다. 이 결과 2조 달러에 육박하는 거대한 학자금 대출 시장이 만들어졌으며, 학생들을 빚쟁이로 내몰고 있다. 그뿐인가. 이 중 상당수는 상환 능력이 없어 영원히 빚의 멍에를 벗지 못할 것이다.[4]

고등 교육 비즈니스가 판매하는 제품은 '꿈'이다(대학 비즈니스가 이익을 추구하는 영리사업이라는 사실을 명심하라). 어떤 꿈이냐고? 4년 이상의 시간과 수십만 달러를 투자하면, 최소한 전공 분야의 직장이 보장된다는 약속이다. 이보다 더 중요한 약속도 있다. 대학 졸업장 없이는 하늘의 별 따기인 직업을 '대학 졸업장이 있다면' 가질 수 있다는 약속이다.

물론 이 꿈을 이루는 사람들도 있지만, 닭 쫓던 개 신세가 되는 사람이 훨씬 더 많다. 설상가상 대학에서 공부하는 4년간 학생 대부분은 땡전 한 푼 못 번다. 학과 공부만으로도 벅차기 때문이다. 그뿐만이 아니다. 막상 사회에 나오면 대학 학위가 휴지조각에 불과한 경우도 허다하다. 잠깐만, 내가 대학을 나오지 않아서 자격지심에서 하는 말이라고? 아니다. 이 책의 '시작하며'에서 말했듯 나도 대학을 졸업했다. 이학 학사 학위가 있다.

어쩌다 보니 이야기가 삼천포로 빠졌는데, 다시 본론으로 돌아가자. 배움에 훨씬 적은 시간과 돈을 투자할 뿐 아니라 배우는 동안에도 돈을 벌 수 있다고 상상해보라. 최소 4년의 시간을 쓰고 나서야 이 투자가 그만한 가치가 있는지 뒤늦게 판단할 필요 없이 길어도 몇 달 짧으면 며칠 만에 결과를 확인할 수 있다. 이것이 바로 학습과 일, 다른 말로 경제 활동을 병행하는 접근법의 핵심이다. 어떻게 이 일이 가능할까? 소득 창출 모형에 기반을 두는 교육을 활용하기 때문에 가능하다.

관련된 좋은 사례로 네트워크 마케팅network marketing을 들 수 있다. 네트워크 마케팅을 시작하는 방법만이 아니라 개개인의 발전에 초점을 맞춰 포괄적인 교육·훈련을 제공하는 기업이 많다. 나는 고등학생 시절 네트워크 마케팅에 발을 담근 것이 내 개인적인 성장에 큰 도움이 되었다고 생각한다. 당신도 좋은 네트워크 마케팅 회사에 들어가서 열심히 노력한다면, 빠른 시일 안에 소득을 창출하는 것은 물론이고 더러는 똘똘한 자동 소득원을 구축할 수 있다. 맞다, 당신은 배움과 경제 활동을 병행할 수 있다.

또 다른 사례도 있다. 내가 운영하는 코칭 프로그램이다. 나는 상급반 학생들이 부동산을 소유하지 않고도 에어비앤비 비즈니스를 시작하고 더 나아가 확장할 수 있도록 돕는다. 내가 제시하는 로드맵을 토대로 이 프로그램을 성실히 따른다는 전제하에, 대개는 사업을 시작하고 두 달 이내에 돈이 들어온다. 한두 달 안에 매출이 발생하는 것을 넘어 실질적인 수익을 내는 학생도 많다. 이들은 거의 즉각적으로 투자 이익을 실현하고, 이 과정에서 아주 귀중한 기술들을 배운다. 그야말로 일석이조다.

솔직히 내 프로그램의 수업료가 저렴한 편은 아니다. 하지만 4년제 대학 학비와 비교한다면 푼돈 수준이다. 비앤비포뮬러^{BNB Formula} 코칭 프로그램 이수자들의 첫 1년간 평균 소득은 대학 졸업자들의 1년 치 평균 실질 임금을 가뿐히 넘어선다. 더욱이 학비가 비싸기로 유명한 아이비리그 대학 졸업생들의 얼굴을 화끈거리게 만들 정도로 많은 돈을 버는 학생들도 있다.

배움과 경제 활동을 병행하는 모델은 현금 파이프라인을 구축하는 동시에 외부 도움 없이 자력으로 학비를 충당할 수 있는 좋은 방법이다. 이것은 검증된 단계별 모델이며, 우리는 DIY 경로보다 훨씬 빨리 현금 파이프라인을 만들 수 있다. 돈을 받으면서 새로운 기술을 배우는 이 모델이야말로 최고의 '윈윈 게임'을 가능케 한다.

┃ 성공의 지름길을 열어주는 역할 모델 따라 하기

종잣돈을 투자하는 마지막 방법은 패시브프러너가 되는 궁극의 지름길이다. 바로 '역할 모델을 따르는' 방법이다. 이것은 스스로 길을 개척하는 방법, 나아가 배우면서 돈을 버는 방법보다 훨씬 더 강력하다. 명칭에서 알 수 있듯 이 지름길은 우리를 최종 목적지까지 이끌어줄 수 있는 사람과 협력하는 것을 포함한다. 따라서 이 방법의 성공 여부는 올바른 역할 모델을 찾는 것에서 판가름 난다. 코치, 멘토, 선생님 누구든 상관없다. 당신이 원하는 구체적인 결과를 이미 달성했으며 당신도 이러한 결과를 성취하도록 기꺼이 비결을 나눠주려는 사람을 찾아라.

나의 노하우를 가르치는 온라인 강좌 아이디어가 떠오른 건 순전히 우연이었다. 내가 에어비앤비 비즈니스를 시작하고 1년가량 지났을 무렵이었다. 나는 에어비앤비 사업 첫해에 30만 달러 이상을 벌었다. 돈도 돈이지만 요즘말로 '시時성비'가 정말 좋았다. 1주일에 고작 서너 시간 비즈니스 전반을 관리하는 것이 내 역할의 전부였다.

그러자 친구들은 물론이고 친구의 친구들까지 노하우를 알려 달라는 요청이 빗발쳤다. 이렇게 해서 강좌를 개설하게 되었고, 내 지식을 수익화하자는 아이디어가 잉태되었다. 그들 중 상당수를 대상으로 유료 강좌를 연다면 승산이 있으리라 생각했다. 나는 생애 첫 강좌 프로젝트를 위해 DIY 방법을 건너뛰고 배우면서 돈을 버는 두 번째 방법을 선택했다.

온라인 마케팅에 관해 스펀지처럼 가능한 한 많은 정보를 빨아들였고 배우는 족족 그대로 적용했으며 마침내 훌륭한 강좌를 개설했다. 하지만 이내 벽에 부딪혔다. 나는 온라인 강좌 판매에 무던히 공을 들였지만 원하는 사람이 한 명도 없었다. 기가 찰 노릇이었다. 나의 에어비앤비 성공 비결을 이 프로그램에 전부 담았다. 이것이 사람들에게 도움이 될 거라는 확신이 있었던 터라 너무 당혹스러웠다. 나는 교착상태에 빠졌다. 내가 여기까지 어떻게 왔는데, 또 얼마나 많은 시간과 돈과 노력을 쏟아부었는데… 결과가 이리 참담하다니 믿을 수 없었다.

천만다행히도 몇 해 전 부동산에 투자하며 배웠던 무언가가 생각났다. 해결의 실마리조차 보이지 않는 문제에 직면할 때면 어떻게 해야 하는지 아는가? '무엇을'도 '어떻게'도 아니다. '누구?'라고 물어야만 이 문제의 답을 찾을 수 있다. 이는 백발백중의 문제 해결법이다. 첫 번째로 해야 하는 질문은 명백하다.

이미 이 과정을 경험한 사람은 누구일까?

● 무엇을 어떻게 할지 묻지 말고, 누구에게서 구할지 물어라

비즈니스상의 모든 어려움은 해결책이 있게 마련이다. 문제는 누구에게 도움을 받느냐다. 자신의 광범위한 경험에 기반해 설루션을 제시할 수 있는 사람을 찾으면 된다. 세상 어딘가에 반드시 있다. 이런 사람은 경험과 지혜의 눈으로 세상을 바라본다. 우리에게는 오르기 힘든 커다란 산이 그들에게는 두더지가 파낸 흙더미에 불과하다. 나는 내가 놓친 핵심을 알려줄 사람이 필요했으므로, 내가 할 일은 정해져 있었다. 그 사람을 찾아야 했다.

내 역할 모델을 찾는 데는 채 1주일도 걸리지 않았다. 나는 페이스북에서 러셀 브런슨Russell Brunson의 저서 《마케팅 설계자Dotcom Secrets》의 광고를 보고는 곧바로 책을 사서 그날 밤 독파했다. 그런 다음 세계 최고의 인터넷 마케팅 전문가들이 모이는 퍼널해킹라이브Funnel Hacking Live*에 참가 신청을 했다.

이는 마케팅 플랫폼 기업 클릭퍼널스닷컴ClickFunnels.com의 공동창업자인 브런슨이 주최하는 연례행사다. 디지털 마케터들이 4일 동안 배우고 인맥을 쌓고 각자의 지식을 공유할 수 있는 무대. 오늘날까지도 퍼널해킹라이브는 전 세계 인터넷 마케팅 전문가들 사이에 최고의 성지로 통한다.

나는 그곳에서 가급적 많은 사람과 대화했다. 그들 중에는 온라인으로 연간 수백만 혹은 수천만 달러의 돈을 긁어모으는 사람도 많았다. 나는 기회가 생길 때마다 내 온라인 강좌 아이디어를 소개했고 모두에게서 긍정적인 피드백을 얻었다. 하지만 거기까지였다. 내겐 획기적인 돌파구가 절실했는데, 내가 조언을 부탁하면 아무도 제대로 된 해결책을 제시하지 못했다.

별 소득 없이 사흘이 흘렀고 행사 마지막 날이 되었다. 나는 그날 악바르 셰이크Akbar Sheikh라는 사람을 만났다. 그는 온라인 매출 100만 달러를 달성한 사람에게 시상하는 투콤마클럽상賞을 수상하기 위해 참석했다. 이번에도 나는 내 온라인 강좌 아이디어부터 설명했

---

* 퍼널 해킹은 시장에서 이미 성공한 세일즈 퍼널의 프로세스나 프레임워크를 모방해 자신만의 세일즈 퍼널을 만드는 것을 말한다.

다. 그런 다음 내가 강좌 판매에서 직면한 도전과 문제에 대해서도 상세히 털어놓았고 그는 내 이야기를 열심히 경청했다. 마지막으로 나는 올바른 방향을 알려 달라며 조언을 부탁했다.

그가 내게 해준 조언을 직접 들어보자. "당신 문제를 해결할 방법을 알 것 같군요. 내 방법대로 해보세요. 약속하죠. 수백만 달러는 거뜬히 벌 수 있을 겁니다."

나는 너무 기쁜 나머지 하마터면 사람들로 북적이는 그곳에서 그에게 입맞춤을 할 뻔했다. 이 남자는 내 아이디어의 가능성을 믿어주었다. 나는 지난 몇 달간 무엇이 문제인지 알아내려고 머리를 쥐어짜며 나를 혹사했다. 그런데 이 남자는 그 문제를 단박에 알아냈다. 오, 예! 어떻게든 이 사람의 손을 잡아야 했다. "다음 단계로 나아갈 수 있게 일대일로 도움을 받고 싶습니다. 어떻게 하면 될까요?"

그가 지극히 사무적으로 대답했다. "선불로 1만 달러를 주시면 됩니다."

불행하게도 당시 내게는 그만한 여윳돈이 없었다. 나는 절박한 심정으로 매달렸다. "오늘 5,000달러를 드리면 어떻겠습니까? 대신 당신이 하라는 것은 무엇이든 즉각 이행하겠다고 약속하겠습니다." 내 제안을 듣고 곰곰이 생각하더니 마침내 그가 악수를 청했다. "연락드리죠."

사흘 뒤 셰이크가 약속대로 전화했다. 그는 내 제품을 판매하는 웹페이지의 문제점을 짚어주었고 해결 방법까지 제시했다. 나는 2차원 세상에 사는 막대 인간stick figure이고 그는 전체 그림을 조망할 수 있는 3차원 세상에 사는 것 같았다. 이날 첫 통화부터 나는 무엇이든 그가 제시하는 설루션을 따르려고 최선을 다했다. 그는 한 단계가 끝나면 다음 단계, 또 다음 단계를 끊임없이 알려주었다. 꼬박 한 달간 이런 일이 반복되었다. 나는 그의 모든 가르침을 내 온라인 강좌에 적용했고, 그 일에 시간과 에너지를 전부 쏟았다.

●어려운 길로 돌아가지 말고 유경험자의 발자취를 따라라

얼마 뒤 또 다른 '귀인'이 이메일을 타고 내 삶에 들어왔다. 일면식도 없던 스티븐 스나이더Steven Snyder라는 마케팅 전문가였다. 그는 내가 페이스북에 올렸다가 폭망한 초창기 광고 중 하나를 보았다며 이메일로 말했다. 그리고 내 아이디어는 훌륭하지만 접근법에 문제가 있다면서 자신이 도와주겠다고 먼저 제안했다. 단, 자신의 이메일 구독자들을 대상으로 내가 프레젠테이션을 한다는 조건을 달았다.

이후 한 달간 스나이더와 수시로 통화한 끝에 마침내 나는 첫 번째 웨비나를 진행했다. 내 이름조차 들어본 적 없는 사람들에게 내 강좌를 '라방'으로 판매했다. 나는 소셜미디어 팔로워도 없었고 이제까지 라이브 프레젠테이션을 해본 적도 없었으며 내 강좌를 보증해주는 광고endorsement도 없었다. 그저 에어비앤비에 관한 웨비나 하나가 전부인 한낱 초보 온라인 강사였다. 그나마도 스나이더라는 이름의 귀인이 내 아이디어를 시험할 멍석을 깔아준 덕분에 가능한 일이었다.

프레젠테이션이 끝난 그날 밤, 나는 큰 기대 없이 온라인 신용카드 결제 서비스 스트라이프Stripe에 로그인했다. 악바르 셰이크에게 지불한 돈만큼만 건질 수 있게 제발 5,000달러라도 들어왔으면 싶었다. 좀 더 솔직히 말하자면 1만 달러면 더 대박인데… 하는 마음이었다. 그런데 놀랍게도 내 눈앞에 나타난 숫자는 64,342.93달러였다. '이거 잘못된 거 아니지?' 눈을 의심할 정도였다. 1년 전 내가 호기롭게 사표를 던지고 나온 직장에서 받았던 연봉에 거의 맞먹는 액수였다. 이후 스나이더와 통화하면서 놀라운 사실을 알게 되었다. 내 웨비나에 참여한 세 명 중 한 명이 내 강좌를 구매했다는 것이다.

내가 매출 '0'에서 하룻밤 만에 6만 4,000달러를 벌 수 있었던 이유는 딱 하나였다. 성공적인 역할 모델들을 찾아 따랐다는 것, 그게 다였다. 나는 내 길을 먼저 걸어간 유경험자들의 조언을 그대로 실천했다. 셰이크와 스나이더는 내게 필요했던 획기적인 돌파구를 제공했다. 두 사람은 이 여정에서 나보다 까마득한 '선배'라 내가 어느 지점에서 헤매고 있는지 훤히 꿰뚫어 봤다. 그랬으니 나에게 동아줄을 던져주는 것쯤은 그들에게 식은 죽 먹기였으리라.

나는 역할 모델을 따르는 방법이 우리가 할 수 있는 최고의 투자라고 확신한다. 생전 처음 이 길을 가는 무경험자라면, 곳곳에 도사

린 많은 함정과 장애물을 만나는 것은 불가피한 일이다. 하지만 선발 주자를 따른다면 이러한 함정과 장애물을 피할 수 있다. 인생은 짧다. 어려운 길로 돌아가지 말고 유경험자의 발자취를 따라라. 이 것은 목적지에 가능한 한 빨리 도달할 수 있는 최선의 방법이다. 다른 말로 귀중한 시간을 최대한 절약할 수 있는 최고의 지름길이다. 선발대가 화살받이로 모든 화살을 다 맞고, 후발대가 무사히 육지에 상륙해 정착한다는 사실을 명심하라. 개척자들은 온갖 시행착오를 직접 겪어야 하는 반면, 후발자는 개척자의 실수를 보고 배울 수 있으니 얼마나 다행인가.

언젠가는 당신 자신이 누군가에게 역할 모델이 될 수도 있다. 정말 멋지지 않은가. 나도 그렇다. 영광스럽게도 오늘날 나를 모방하고 따르는 추종자들이 있다. 하지만 내가 아무리 성공하더라도 한 가지는 절대 잊지 않는다. 나 역시 따를 수 있는 역할 모델이 항상 존재한다는 것을!

AVOID THE ☀ SHINY OBEJECTS

반짝이는 것을 멀리하라

하나만 택하라,
반짝이는 수많은 유혹에
현혹되지 말 것

나는 1호 자동 소득원인 에어비앤비 비즈니스 전체를 자동화하고 나서 관리 업무에서 완전히 해방되었다. 이때부터는 사람들을 도와주고 가르치는 일에 관심을 기울이기 시작했다. 나는 말하자면 '시간 자유인'이 되었고, 다음번 자동 소득원인 온라인 강좌에 모든 시간을 마음껏 투자할 수 있었다. 그리고 2호 자동 소득원까지 성공적으로 마련되었을 때 또 다른 자동 소득원을 찾았다. 바로 코칭이었다.

이런 식으로 나는 자동 소득원 목록을 늘려나갔다. 협동조합 형태의 상업용 부동산 신디케이션syndication, 도서 출판, 소프트웨어, 디지털 제품, 제휴 마케팅affiliate marketing 등등. 지금까지도 이들 자동 소득원 모두는 시간 부자이자 선택권 부자로서의 내 라이프스타일을 유지시켜주는 원동력이다.

┃ 최종 목적지와 도착 시간을 알아야 다다를 수 있다

당신도 할 수 있다. 그러기 위해 가장 먼저 당신이 '무엇을 원하는지' 목표를 결정하라. 무엇을, 언제까지, 어디서, 어떻게 성취하고 싶은지 구체적이고 명확하게 결정하고 종이에 기록하라. 반드시 최종 기한을 정하고 목적의식을 가져야 한다. 최신 '유행템'을 좇는 대신 최종 목표를 염두에 두고 시작해야 한다. 성공 철학의 대가 나폴레온 힐Napoleon Hill 은 《생각하라 그리고 부자가 되어라》에서 그것을 이렇게 표현한다.

"인간의 마음이 상상하고 믿을 수 있는 것이면 무엇이든 성취할 수 있다. 생각은 그 자체로 실체다. 생각은 명확한 목적과 불타는 욕망과 결합될 때 물질적인 부로 전환될 수 있는 강력한 실체다."

명확한 결과를 결정하지 않는 것은 "언젠가 부자가 되어 꿈에 그리던 집을 샀으면 좋겠어."라고 말하는 것과 다르지 않다. 이것은 너무 막연한 꿈이며, 꿈을 달성했는지 아닌지를 측정할 방법이 없다는 데 문제가 있다.

어떤 종류의 집을 원하는가? 뉴욕주의 부촌 햄튼Hamptons에 있는 800평 대저택을 원하는가? 아니면 자그마한 11평 원룸을 원하는가? 당신은 부자를 어떻게 정의하는가? 매달 각종 공과금과 청구서를 납부하고도 금요일이면 좋아하는 패밀리 레스토랑에서 음식을 마음껏 주문할 수 있는 정도가 부자일까? 순금 변기가 구비된 개인 제트기 G650가 갑판에 착륙할 수 있을 정도로 넓은 초대형 호화 요트를 소유할 수 있는 사람이 부자일까? 최대한 명확하고 구체적인 결과를 상상하라.

목표를 구체적으로 결정하지 않으면 어떻게 될까? 첫째, 우리의 뇌는 다음 단계를 어떻게 시작해야 하는지에 관한 명확한 지침을 갖지 못한다. 또한 우리의 뇌는 우리가 취하는 행동들이 우리의 목표 달성에 도움이 되는지 측정할 수 있는 확실한 기준도 알지 못한다. 마지막으로, 성공이 어떤 모습인지 세부적이고 구체적으로 결정하지 않았으니 목표를 달성하기 위한 로드맵을 수립하지 못할 가능성이 크다.

성공을 명확히 정의하는 것은 이토록 중요하다. 예를 들어보자.

"나는 2025년 1월 1일까지 세후로 매달 100만 달러를 벌 것이다. 이를 위해 나는 미국 남서부 지역에서 B급Class B* 아파트 1,000채를 매수하되 내 돈은 한 푼도 사용하지 않을 것이다. 또한 밥 맥머니Bob McMoney의 직속 직원으로 일할 것이다."

이처럼 세부적이고 구체적인 목표 선언문은 강력한 힘을 발휘한

---

* 부동산의 질을 평가하는 하나의 방법으로 대개의 경우 부동산은 A급, B급, C급으로 분류되고 B급은 전반적으로 양호한 상태의 부동산을 말한다.

다. 어째서일까? 2025년 1월 1일까지 매달 그리고 매년 당신이 최종 목표를 향해 순항 중인지 알 수 있어서다. 가령 내년 말이 되었을 때 소득을 창출하기는커녕 아파트를 한 채도 소유하지 못한 상태라고 해보자. 당신의 계획이 순조롭게 진행되고 있지 않음을 어찌 모를 수 있겠는가.

한편 아파트 열 채를 매수했고 매달 5,000달러가 들어온다고 하자. 물론 최종 목표에 비하면 턱없이 부족해 보일 수도 있지만, 이 정도면 목표를 향해 진전 중이라고 판단해도 된다. 아파트 수를 늘리고 구체적인 액수의 소득을 창출하기 위해 당신이 취하는 모든 행동이 결국에는 당신이 목표를 달성하도록 보장해준다. 다시 말해 가시적인 진전을 가져다주는 행동을 계속 반복하다 보면 결국 당신은 아파트 1,000채 소유라는 목표를 달성할 것이다.

▎구체적이고 측정 가능한 행동 계획을 마련하라

최종 시한 안에 목표를 달성한다면 더할 나위 없다. 하지만 이것은 가능성이 높지 않을뿐더러 궁극적으로 보면 가장 중요한 요소도 아니다. 중요한 것은 최종 시한이 정해진 구체적이고 측정 가능한 행동 계획이 생겼다는 사실이다. 거듭 말하지만, 당신이 무엇을 원하는지 구체적이고 명확하게 결정해야 한다. 그러한 결정 없이는 목표를 달성할 수 있는 유의미한 행동을 시작하기 어렵다.

스타벅스에서 친구를 우연히 만날 확률이 얼마나 될까? 친구가 '어느' 스타벅스 매장을 '언제' 찾는지 정확한 장소와 시간을 알지 못하면, 발에 채일 듯 많은 스타벅스 매장에서 친구와 마주치기란 결코 쉽지 않다. 목표 달성도 이와 똑같다. 최종 목적지와 도착 시간을 알아야 거기에 갈 수 있다.

두 가지를 꼭 명심하라. 단계마다 소요되는 시간과 일정이 다를 수 있다. 결과는 당신이 계획한 것보다 더 빨리 나타나거나 반대로 더 느리게 나타날 수 있다. 나로 말하면, 1호 자동 소득원의 경우는 시작하고 불과 며칠 만에 현금흐름을 생성시켰던 터라 일찌감치 에어비앤비 비즈니스 모델에 대한 확신이 생겼다. 반면 2호 자동 소득원이었던 온라인 강좌의 경우 1년 동안 동전 하나도 구경하지 못했다. 더욱이 현재 추진 중인 몇몇 자동 소득원은 온라인 강좌보다 시간이 더 걸릴 가능성도 배제할 수 없다. 그렇지만 지금까지 구축한 어떤 자동 소득원보다 훨씬 강력한 현금흐름을 생성시킬 잠재력이 있다고 믿는다.

여기서 조심해야 할 것이 있다. 만약 '사업 기회'를 제안받는다면, 이 비즈니스 모델의 타당성을 누구에게 물어야 할까? 이 기회를 제안한 사람은 절대 아니다. 우리가 직접 발로 뛰어 이 모델의 효과성을 확인해야 한다. 제3자에게 묻되, 가능하다면 같은 과정이나 프로그램을 경험한 사람들에게 물어야 한다.

| 기회는 전략 없이는 성공으로 연결되지 않는다

앞서 예로 들었던 이야기를 다시 해보자. 내가 인터넷 세상에서 백만장자가 되기 위한 여정을 시작했을 때였다. 백만장자의 꿈을 파는 제품이 수없이 많았다. 하지만 어떤 제품도 성공할 수 있다는 확신을 주지 못했다. 한 대규모 콘퍼런스에 참석해 수백만, 수천만 달러를 벌어들이는 수십 명의 '현역 선수들'을 직접 만나고서야 모델의 가능성에 대한 확신이 생겼다.

내가 원하는 결과를 이미 이룬 사람들에게서 필요한 정보와 조언을 얻었다. 이들 모두 내 결정과는 경제적인 이해관계가 전혀 없었다. 내가 그 프로그램에 참여하거나 제안받은 코칭 프로그램을 구매한다고 해서 그들이 경제적으로 이득을 보는 것은 아니란 뜻이다. 나는 그곳에서 뜬구름 같은 꿈이 아니라 살아 있는 진짜 특종, 그야말로 정보의 노다지를 캤다. 따라서 내가 그 콘퍼런스에서 클릭 퍼널과 연계된 제품 및 훈련 프로그램에 올인하게 된 것은 당연한 결과다. 이후 이야기는 알려진 그대로, 내 역사가 말해준다.

전략은 기회에 우선하며 기회보다 훨씬 중요하다. 먼저 당신이 바라는 최종 결과에 대해 생각하고, 둘째 이 결과를 이루기 위한 전략을 수립해야 한다. 그런 다음에야 비로소 당신의 전략에 부합하는 기회를 선택하라는 말이다. 최종 목표를 염두에 두고 가장 먼저 스스로에게 물어보라. "내가 이것으로 성공한다면 어떤 결과가 나타날까?" 최종 결과는 아주 구체적이어야 한다. 다음과 같이 말이다. "이 사업으로 10월 5일까지 매달 다섯 시간 이하를 투자하고 월 1만 달러를 벌고 싶다."

자동 소득원을 선택하고 모든 노력을 쏟기로 결정한 다음에는 다른 어디에도 눈길조차 주지 마라. 단기 매매자가 아니라 동영상 콘텐츠를 만드는 브이로거가 되어야 한다. 마찬가지로 주택 플리핑house flipping*에 섣불리 뛰어들지 말고 네트워크 마케팅을 시도하라. 하나만 선택하라. '반짝이는 물체 증후군shiny object syndrome'의 제물이 되지 않도록 만전을 기하라. 이는 새롭고 유행하는 아이디어에 지나치게 관심을 보이지만 다른 새로운 것이 나타나자마자 이전 것을 버리는 현상을 가리킨다. 이 증후군이야말로 많은 기업가를 창업에 투신하는 불나방으로 만든 주범이었다.

기회의 옥석을 가리는 눈을 키우자. 시간의 투자수익률, 다른 말로 시성비가 매우 높은 기회만 붙잡고 다른 모든 기회는 단호히 거부하라. 기회는 무한하지만 기회를 추구할 수 있는 인생은 한 번뿐임을 명심하길 바란다.

---

* 플립(flip)은 '뒤집는다'는 뜻이며 플리핑은 낮은 가격에 주택을 사서 리모델링한 뒤 다시 파는 투자 방식으로 단기 매매 차익이 목적이다.

WHO'S DOWN WITH PIVS?

다양한 자동 소득원을 만들기 위하여

패시브프러너가 되는
실전 4단계

　　이제 우리는 패시브프러너에 대해 알아야 할 모든 것을 알아봤고 올바르게 이해했다. 거기에 적절한 마음가짐까지 갖게 됐으니 다음 목표에 집중하자. 직장을 영원히 해고하는 것이다. 미리 말하지만 이 여정은 네 단계로 이루어진다. 우리가 타인에게 얽매인 피고용인의 삶으로 돌아가는 일은 결단코 없을 것이다. 한마디로 당신은 자발적인 고용 부적격자가 되었다. '자발적인 실업자'로서의 삶이 우리가 앞으로 가야 할 길이다. 걱정하지 마라. 내가 자세히 알려줄 테니까.

1단계: 최소 독립 자금을 계산하라

가장 먼저 할 일은 최소 독립 자금$^{walk-away\ number,\ WAN}$을 계산하는 것이다. 이것은 패시브프러너의 세상에 들어가기 위한 최소 입장권 가격이라고 생각하면 된다. 세금을 포함해 각종 공제를 제하고 남은 실질 임금, 매달 당신이 실제로 손에 쥐는 액수에서 시작하라. 이 액수에 1.5를 곱해 나오는 숫자가 바로 당신이 고용 부적격자가 되기 위한 최소 금액이다.

왜 하필 1.5배냐고? 직장이라는 안전지대를 벗어나 불확실성의 세상으로 들어가는데, 어느 정도의 완충제를 원할 것 아닌가. 당신이 구축하게 될 자동 소득원에서 나타날 모든 변동 사항에 대비해야 할 뿐 아니라 심리적인 안전장치도 필요하다. 이 두 가지를 충족시켜주는 것이 바로 최소 독립 자금이다.

직장을 박차고 나올 때 당신은 이것이 현명한 결정이라는 확신과 자신감이 있어야 한다. 직장인의 삶과 작별하고 패시브프러너의 길을 가는 것도 불안한데, 패시브프러너로서 돈을 충분히 벌 수 있을지까지 걱정해야 한다면 어떻겠는가. 이보다 불안을 가중시키는 것은 없다. 이런 이유로 스스로에게 실수령 월급에다 50퍼센트를 더 얹어주라는 것이다.

이 액수에 도달하면 2주 후 퇴사하겠다고 통보해도 된다. 아주 쉬운 예로 내가 마지막 직장에, 내 평생 마지막이 될 직장에 다녔을 때 매달 내 통장에는 5,765달러가 들어왔다. 이것에 1.5를 곱한 8,674.50달러가 나의 최소 독립 자금이었다.

2단계: 수단을 선택하라

당신을 패시브프러너로 만들어줄 소득 수단은 반자동 혹은 완전 자동으로 돈을 찍어내는 자산이다. 당신은 이러한 자산을 소유하거나 창조하거나 통제한다. 세상에는 생각보다 훨씬 많은 자동 소득원이 있으며, 이 책에서도 매우 다양한 자동 소득원을 만날 수 있다. 이 단계에서는 자동 소득원이 하나만 필요하다는 사실을 절대 잊지 마라. 이는 매우 중요하다. 두 개도 여섯 개도 안 되고, 몇 달마다 다른 자동 소득원으로 갈아타는 것도 안 된다. 딱 하나만 선택하고, 그런 다음 올인하라. 이런 접근법이 결국에는 성공의 열쇠가 될 것이다.

첫 번째 자동 소득원은 본업 외에 자신의 개인 시간을 활용해 일할 수 있는 수단이어야 한다. 짧게는 6개월 길어도 1년 안에 당신이 정한 최소 독립 자금을 만들어줄 수단에 초점을 맞춰라. 이 책 후반부에 자세히 소개하겠지만 패시브프러너는 세 가지 유형으로 나뉜다. 소유자, 창조자, 통제자다. 처음에는 이 중에서 당신에게 맞는 하나를 선택해서 시작하면 된다. 걱정하지 마라. 이 책이 각 유형에 적

합한 다양한 자동 소득원 선택지를 알려줄 것이다. 제휴 마케팅, 임대 차익거래rental arbitrage, 디지털 제품, 온라인 코칭, P2P 대출people-to-people lending 등등.

▎3단계: 독립 자금 목표액을 달성할 때까지
자동 소득원을 확장하라

이제 자동 소득원을 확장해야 한다. 여기서 말하는 확장의 정의부터 알아보자. 자동 소득원을 유지하고 관리하는 개인 시간을 줄이는 동시에, 이 소득원으로 창출하는 수입을 증가시키는 것을 의미한다. 이것은 '자동차 타이어가 도로에 닿는 순간', 즉 패시브프러너가 되는 여정이 시작되는 지점이다.

특히 주의할 점이 있다. 상향과 하향 두 방향 모두로 확장할 수 있는 자동 소득원을 선택하는 것이 아주 중요하다. 자동 소득원은 시간이 흐름에 따라 소득은 상향으로, 필수적인 투입 시간은 하향으로 각각 확장되어야 하기 때문이다. 쉽게 말해 시간이 흐를수록 자동 소득원이 창출하는 소득은 증가하고 자동 소득원에 투입하는 개인 시간은 감소하는 것이 이상적이다. 솔직히 귀가 솔깃해지는 사업 아이디어는 많아도 양방향으로 확장할 수 있는 아이디어는 극히 드물다.

그렇다면 확장성이 없는 자동 소득원은 어떤 것일까? 두 가지 사례를 통해 알아보자.

가령 당신이 평생 모은 5만 달러를 투자해 임대 부동산을 매수하고 이를 장기로 임대한다고 해보자. 물론 나는 부동산 투자를 좋아하고 부동산 투자는 현금 파이프라인의 강력한 후보가 맞다. 하지만 보증금으로 묶이는 5만 달러가 당신의 전 재산이라면, 그리고 월 순수 임대 수익이 고작 300달러라면 이야기가 달라진다. 이렇게 되면 확장성 측면에서 한계에 부딪히게 된다. 이 부동산을 관리하기 위한 시간은 거의 혹은 전혀 필요하지 않을 수도 있다. 하지만 소득을 놓고 보면 확장성이 거의 없다. 좋은 투자일지언정 자동 소득원으로서는 낙제점이다.

이번에는 프랜차이즈 가맹점을 운영한다고 가정해보자. 대부분의 가맹점은 수입의 확장 가능성 측면에서는 합격이다. 하지만 매장 관리자를 고용할 만큼 충분한 이익을 내지 못할 경우 당신이 매장에 묶이는 시간을 줄일 가능성은 없다. 내 친구 한 명이 딱 이런 케이스였다.

몇 해 전 친구는 사업을 키워 제트족이 되겠다는 부푼 꿈을 안고 샌드위치 전문점 써브웨이를 시작했다. 하지만 친구는 비행기 근처에도 가보지 못했다. 수년간 얇게 썬 차가운 햄으로 속을 채운 이탈리아식 샌드위치를 만들며 매장에 틀어박혔다. 이유야 뻔하지 않은가. 매장 관리자를 고용할 여력이 없어서였다. 제발 프랜차이즈 매장에 돈과 시간을 낭비하는 바보가 되지 말자.

혼동하지 마라. 우리가 원하는 것은 부업이 아니다. '사장님'이 되고 싶은 것도 아니다. 우리가 원하는 것은 자동 소득이다. 자동 소득원은 두 가지를 충족시키는 수단이어야 한다. 일단 빠른 시일 안에 소득을 기하급수적으로 증가시키고, 최종적으로는 우리가 투입하는 시간을 단축해야 한다. 부디 이것을 염두에 두고 현명하게 선택하길 바란다.

최소 독립 자금 목표치를 달성한다면 무슨 일이 벌어질까? 그야말로 완벽히 자유로워진다. 우리는 명실상부 패시브프러너가 되었다. 그리고 우리가 꿈에서도 상상하지 못한 삶의 방식들이 우리를 기다리고 있다. 우리는 경제적인 자유를 쟁취했고, 우리의 경제적 운명은 우리가 직접 통제한다. 부자가 될 준비가 되었는가? 좋다, 4단계로 넘어가자.

4단계: 자동 소득원을 다각화해 부를 축적하라

지금부터 삶이 짜릿해진다. 독립 자금 목표치를 달성했다는 것은 시간 투입을 점진적으로 줄일 수 있는 자동 소득원을 구축했다는 뜻이다. 이쯤 되면 당신은 직장을 해고했을 가능성이 크고, 선택권과 돈과 시간이 이전보다 더 많아졌다. 이참에 아주 긴 휴가를 다녀왔을지도 모르겠다. 그랬다면 정말 잘한 것이다. 휴가를 충분히 즐겼고 일상으로 돌아갈 준비가 되었다면 이제는 자동 소득원들을 모아 N잡러가 될 시간이다.

자동 소득원의 다각화는 말 그대로다. 최초의 자동 소득원 외에 자동 소득원을 추가로 소유하거나 창조하거나 통제하는 것을 의미한다. 이렇게 한다면 풍부한 초과 소득원을 구축하고 장기적인 부를 축적할 수 있다. 이 단계에서는 하나의 소득원에만 의존하는 것은 현명한 선택이 아니다. 당신의 라이프스타일을 유지하기 위해 필요한 돈을 제하고 남는 소득을 다른 많은 자동 소득원에 재투자해도 된다.

내 경험을 다시 살펴보자. 1호 자동 소득원인 에어비앤비 숙소 임대 비즈니스가 궤도에 진입한 뒤 나는 풀타임 운영자를 졸업할 수 있었다. 대신 1주일에 몇 시간 소규모 가상 팀을 관리하는 것이 내 역할의 전부였다. 나는 평소 동경하던 세계 16개국을 두 달간 여행하기로 결정했다. 세계 지도를 펼쳐놓고 늘 방문하고 싶었던 모든 장소에 동그라미를 쳤다. 그런 다음 항공권을 구매했고 미지의 세상을 향해 출발했다. 드디어 나는 소망하던 꿈을 이루었다.

그런데 내가 여행하는 동안 내 소셜미디어 게시물에 질문이 무수히 달렸고 DM으로도 질문이 쇄도했다.

"금수저예요?"

"직장에 안 나가도 되나 보죠?"

"무슨 돈으로 맨날 이렇게 놀러 다녀요?"

"저도 데려가 줄래요?"

"카트만두는 소문대로 이국적인가요?"

이런 메시지가 봇물처럼 쏟아지자 갑자기 머리가 환해졌다. 다음 자동 소득원 아이디어가 명확히 그려졌기 때문이다. 나는 사람들이 원하는 정보를 갖고 있었다. 내가 생애 첫 자동 소득원으로 무엇을 어떻게 하는지 가르쳐주는 유료 강좌를 개설하면 어떨까? 그래서 나는 집으로 돌아오자마자 두 번째 자동 소득원 프로젝트에 돌입했다.

내 온라인 강좌와 이 강좌를 판매하기 위해 만든 웨비나에 대해서는 앞서 소개했다. 하지만 퍼즐 조각 하나를 일부러 남겨두었다. 나는 완벽한 프레젠테이션을 위해 끝없이 수정하고 다듬고 손보았다. 이런 노력 끝에 1년 365일 하루 24시간 무한 자동 재생되는 에버그린 콘텐츠evergreen contents* 방식의 프레젠테이션 영상을 만들었다.

사람들이 내 웹페이지를 방문해 이메일 주소를 입력하고 90분짜리 프레젠테이션 영상을 시청한 다음 원한다면 내 강좌를 구매할 수 있게 했다. 비용은 997달러였고 구매 대금은 내 통장으로 입금되었다. 이 자동 소득원을 운영하기 위해 1년에 두 번 콘텐츠를 업

---

* 오랫동안 관련성과 가치가 유지되어 지속적으로 사람들의 관심을 끌 수 있는 콘텐츠를 말한다. 사계절 내내 변하지 않는 상록수에서 이름을 따왔다.

데이트하는 것이 내가 하는 일의 전부였다. 이렇게 해서 이미 자동화된 에어비앤비 비즈니스 위에 쌓아 올릴 두 번째 자동 소득원이 완성되었다. 오늘날까지도 2호 자동 소득원은 매주 수입을 창출하고 있으며, 지난 5년간 누적 매출액이 수천만 달러에 이른다.

나는 여세를 몰아 자동 소득원을 본격적으로 '수집'할 준비가 끝났다. 디지털 도구, 유료 회원 서비스, 온라인 교육 서비스를 연이어 출시했다. 그리고 세입자를 끼고 집을 사는 미국판 영끌족을 위해 〈하우스해커스House Hackers〉라는 리얼리티 쇼를 제작했으며 관련 소책자도 발행했다. 특히 현재까지 13만 부 이상 팔린 소책자는 나에게 100만 달러가 넘는 소득을 안겨주었다. 이 외에도 나는 12개의 자동 소득원을 구축했고 각각이 독립적인 자동 소득 흐름을 생성해내고 있다.

종이책이건 전자책이건 오디오북이건 당신이 이 책을 구매한 순간 소정의 저작권료가 내 계좌로 입금된다. 자세히 살펴본다면 이 책 곳곳에서 자동 소득원을 찾을 수 있다. 이것은 자동 소득원 안에 '내장된embedded' 또 다른 자동 소득원들이다. 이 방식에 대해서는 나중에 자세히 알아보자. 어쨌든 당신도 이런 방법을 찾아야 한다. 짐 캐리가 영화 〈마스크〉에서 "누군가 나 좀 말려줘요!"라고 외쳤듯 당신도 못 말리는 자동 소득원 수집광이 되어야 한다.

내가 연봉 10만 달러가 넘는 직장을 때려치우고 나온 지 채 1년도 되지 않아서 이 모든 성과를 이뤘다는 사실에 유념하라. 심지어

2년 후 나는 100만 달러의 고지를 점령했고, 또 3년 뒤에는 수천만 달러를 벌었다. 앞으로 2년 안에 내 소득은 무난히 억만 달러로 올라설 것이다. 나는 이것을 부자가 되는 지름길이라 부른다.

내가 만든 자동 소득원들에는 공통점이 있다. 끊임없이 작동하며 소득을 창출하지만, 나는 최소한으로 관여한다. 당신이라고 나처럼 되지 말란 법은 없다. 사이드 허슬의 세상에서는 열심히 일하는 것만이 능사가 아니다. 다양한 소득원을 축적해 '부캐 부자'인 N잡러가 되는 것이 정답이다.

▌ 패시브프러너가 되는 실전 4단계 요약 정리

다음은 패시브프러너가 되는 실전 4단계를 요약한 것이다.

1단계: 최소 독립 자금, WAN을 결정하라.
2단계: 첫 번째 자동 소득원을 선택하라.
3단계: WAN에 이를 때까지 자동 소득원을 확장시켜라.
4단계: 자동 소득원 모으기를 통해 자동 소득원을 다각화하라.

당신의 1호 자동 소득원 혹은 다음번 소득원을 찾는 데 도움이 필요하다면, 내 손을 잡아라. 홈페이지 www.dontstartasidehustle.

com/resources를 방문하면 광범위한 자동 소득원 목록을 확인할
수 있다.

BE A
NO MAN

노-맨이 돼라,
그래야 다음에 찾아올 진짜 기회를 잡을 수 있다

선택지가 많으면
경로 이탈 가능성도 극대화된다

　　코미디 영화 〈예스맨〉에서 짐 캐리가 연기한 칼 앨런은 우연한 기회로 인생 역전의 주인공이 된다. 앨런은 자신에게 주어지는 모든 기회에 '노'를 일관하며 무기력한 일상이 반복되는 지루한 삶의 굴레에 갇혀 있던 어느 날, 테런스 번들리를 만난다. 결과부터 말하면 자기계발의 대가 번들리의 개입으로 앨런의 인생이 달라진다. 앨런은 번들리의 도움으로 모든 일에 '예스'라고 말하는 삶의 철학을 받아들인다.

　　이것 하나가 앨런의 삶을 급진적으로 변화시키고 앨런은 새사람이 된다. 예전이라면 단칼에 거부했을 황당한 모든 일에 앨런이 '예스'라고 말한 뒤부터 일과 삶 모두에서 좋은 일이 꼬리를 잇는다. 직장에서는 승진하고 자신감의 화신으로 변신하며 사랑도 시작한다.

앨런은 이런 경험들로 '예스'에는 자신의 삶을 변화시키는 힘이 있음을 깨닫는다.

하지만 앨런도 이내 알게 되듯 이러한 맹목적인 예스-맨의 태도에는 심각한 부작용이 있다. 앨런은 가상의 인물이니 그렇다 치자. 문제는 현실에서도 앨런과 똑같이 생각하고 행동하는 사람이 많다는 데 있다. 현실 속의 예스-맨들은 오직 가능성만 본다는 말이다. 그러고는 모든 가능성에 흥분해서 법석을 떨지만 결국 어떤 가능성도 실현하지 못한다.

▍하나에 집중하라, 당신의 수입이 폭발할 때까지

더 많이 성공하고 소득이 증가하면, 또 다른 즐거움이 찾아온다. 기회가 풍부해지는 것이다. 생각만 해도 좋아서 헤벌쭉 웃음이 나지 않는가? 착각하지 마라. 선택지가 더 많다는 것은 우리가 현재 경로에서 이탈할 가능성이 극대화된다는 뜻이다.

기업가들은 예스-맨의 성향을 보인다. 그들은 좋은 아이디어를 좇아 이 토끼굴에서 저 토끼굴을 연이어 탐험하느라 여념이 없다. 하지만 이보다 더 좋은 방법이 있다. 하나의 목표에 온전히 전념하는 것이다. 이것이야말로 목표 달성의 가능성을 급진적으로 끌어올리는 확실한 방법이다.

오늘날은 과거 어느 때보다 선택지가 다양하다. 선택지가 많은 것은 분명 환영할 일이다. 그런데 과유불급이라는 말처럼 선택지가 '너무 많으면' 문제가 생기기 쉽다. 기회들이 상충하면서 우리의 집중력과 주의력이 끊임없이 사방팔방 흩어진다. 따라서 자동 소득원을 선택한 다음에는 한 우물만 파야 한다. 오롯이 이 자동 소득원에만 집중하고 이것이 궤도에 올라 안정적인 소득을 창출할 때까지 다른 것에는 곁눈질도 하지 마라.

패시브프러너로의 여정에서 단련할 수 있는 가장 중요한 기술은 완전히 집중하는 방법을 배우는 것이다. 그리고 1년이든 3년이든 이것에 모든 에너지와 집중력을 쏟을 기한, 다른 말로 최종 결과를 달성할 기한을 구체적으로 정하라. 수입이 지수 함수적으로 폭발하는 임계점에 이르기 전에 포기해서는 안 된다.

거듭 말하지만 패시브프러너로의 여정이 선형적인 경로를 따르지 않는다는 사실을 명심하라. 무슨 뜻일까? 소득이 기하급수적으로 증가하는 지점에 이를 때까지, 그리고 마침내 성공할 때까지 계획보다 시간이 더 걸릴 수도 있다는 말이다.

연애를 예로 들어보자. 모든 기회에 '예스'라고 말하는 것은 여러 명과 썸을 타며 어장을 관리하겠다는 심산이다. 반면 하나의 기회만 선택하고 다른 모든 기회에 '노'라고 말하는 것은 결혼과 헌신을 전제로 한다. 결혼할 때는 오직 배우자 한 사람에게 헌신하고 다른 모든 이성을 거부하겠노라 서약한다. 이는 영원한 약속이다. 너무

겁낼 필요는 없다. 독신에게는 허락되지 않는 충만함을 경험할지도 모르니 말이다.

나도 아내를 만나기 전에는 결혼이 공포의 대상이었다. 아주 오래도록 나는 '죽음이 갈라놓을 때까지'라는 말에 몸서리를 쳤다. 이런 말에 '예스'라고 답하는 것은 정말이지 무섭고도 무거운 약속이다. 누구라도 당연히 겁이 난다. 내 선택이 잘못되었다면? 결혼이 실패한다면? 그래서 나는 스스로를 다독였다. '그냥 속 편하게 평생 독신으로 살자.'

이런 모순된 접근법을 비즈니스에도 적용하는 사람이 많다. 온갖 비즈니스와 '자유 연애'를 즐기면서도 장기적인 헌신의 혜택을 누리고 싶어 하는 심리 말이다. 힘든 상황이 닥쳤을 때 끝까지 버티며 최선을 다하기보다 발을 뺄 수 있기를 기대한다. 하지만 헌신하지 않는다면, 이것의 합당한 결과에 만족해야 한다. 헌신이 가져다주는 혜택을 욕심내서는 안 된다.

 대부분의 것에 '노'라고 말하라. 그래야 당신의 삶에 여지가 생겨서 '오, 예! 완전 좋아!'라고 외치게 만드는 드문 기회가 찾아왔을 때 완전히 몰두할 수 있다."
— 데릭 시버스, 미국 최대 음원 사이트 시디베이비닷컴 창업자

첫째, 가능성 있는 기회에 '노'라고 말하는 대신 당신이 헌신하는

일에서 대박을 치는 것, 둘째, 작은 기회에 '예스'라고 말하는 대신 만루홈런을 때리지 못하는 것, 이 둘 중 당신은 무엇을 선택하겠는가? 나는 전자를 선택할 것이다. 미국이 사랑한 불멸의 홈런왕 베이브 루스^{Babe Ruth}도 한 번에 칠 수 있는 공은 딱 하나였다.

ARE YOU A FLASH LIGHT OR LASER?

넓게 비추는 손전등 vs. 좁게 초점을 맞추는 레이저

'열심히'가 중요하지 않다, 언제, 어디서, 무엇에 '집중'할지 선택하라

앞서 소개했던 로리 그라이너의 발언을 떠올려보자. 누군가를 위해 1주일간 40시간 일하지 않으려고 자신을 위해 매주 80시간 일하는 사람이 기업가라는 주장 말이다. 그저 재미있는 말이라고 치부하지 마라. 이 말은 가끔 애석할 정도로 진실이다. 이는 기업가 세상에서 매우 보편적인 어떤 함정과 관련이 있다. 바로 일 지상주의다. 대부분의 기업가는 성공하려면 날마다 '일에 살고 일에 죽는' 일 중독자가 되어야 한다고 믿는다. 더욱이 이처럼 일에 미치는 것이 하나의 명예훈장처럼 되었다.

그렇다면 현실은 어떨까? 거의 모든 분야에서 성공하고 싶다면 열심히 일해야 하는 것이 불문율이다. 하지만 현실은 다르다. 열심히 일하는 것이 성공의 보증 수표는 아니다. 오히려 집중해서 하는 일이 훨씬 더 많은 성취를 안겨준다. 이것이야말로 강력한 성공 공식이다.

단순한 승자와 모든 것을 다 가지는 절대 승자를 가르는 결정적인 변수가 무엇인지 아는가? 구체적인 결과를 생산하기 위해 매일 몇 시간 깊이 집중할 수 있는 능력이 그 변수다. 이제부터는 무턱대고 열심히 일하지 말고 집중해서 일하라.

▎짧고 굵게, 열심히 하지 말고 집중해서

이 개념을 자동 소득원에 투입하는 시간에 적용해보자. 양보다 질로 우리의 우선순위를 바꾼다면 어떻게 될까? 자동 소득원에 얼마나 많은 시간을 투자하는가에서 단 몇 시간 집중해서 얼마나 많은 일을 성취할 수 있는가로 말이다. 커다란 목표를 이루기 위해 노력하고 궁극적으로 꿈을 실현할 수 있는 능력은 이처럼 '짧고 굵게' 집중하는 기술을 개발하는 것과 직결된다. 딴생각을 하거나 움직이지 말고 이 문장을 집중해서 다시 읽고 깊이 생각해보라. 내 말대로 했는가? 산만한 친구여, 장하다!

사실 내가 집중력을 가르친다는 사실은 참으로 역설적이다. 나는 성인이 된 이후 대부분 그리고 지금까지도 주의력결핍장애attention deficit disorder, ADD로 애를 먹고 있다. 오죽하면 가장 친한 친구 토드는 나를 '다람쥐 소년'이라고 불렀다. 언제 무엇을 하고 있든지 약간의 방해에도 곧바로 하던 것을 중단하는 내 성격이 경계심 많은 다람 쥐를 닮아서다. 나는 영화 〈업〉에서 혓바닥을 내밀고 헉헉거리는 골 든 리트리버 더그를 닮았다고 생각한다. 나는 늘 갈망과 열정에 차 있지만 내가 상황이나 사건에 대한 인식력이 부족unawareness하다는 사실을 인지하지 못한다. 그러니 나를 믿어라. 내가 이번 장에서 가 르치는 방법이 내게 도움이 되었다면 당신에게도 분명 효과가 있을 것이다.

이 책이 소개하는 집중력에 관한 모든 아이디어는 선천적인 능력 이나 기질 또는 성격과 조금도 관련이 없다. 또한 집중력은 지능과 비례하지 않으며 선택받은 소수에게만 주어진 천부적 재능도 아니 다. 우리 모두 집중력이 있고 집중력을 발휘할 수 있다. 집중력은 고 맙게도 누구나 배우고 개발할 수 있는 기술이다. 집중력을 정신의 근육이라고 생각하라. 이 근육은 더 많이 운동해서 단련할수록 더 강해진다.

❙ 1단계: '무엇'에 집중할지 선택하라

우리는 종종 할 일 목록부터 '클리어'시키고픈 유혹을 느낀다. 그 래야 일과가 끝날 때 성취감을 느낄 수 있기 때문이다. 하지만 삶에

서도 일에서도 우리가 매주 얼마나 많은 걸 완수했는가가 승리의
판단 기준은 아니다. 진정한 승리 공식은 성취하고 싶은 중요한 몇
가지를 명확히 이해하고 이러한 최종 목표 각각에 더 가까이 데려
다주는 일에만 집중하는 것이다. 집중해야 할 중요한 목표 몇 가지
를 선택하라. 이것은 당신이 '노'라고 말해야 하는 모든 일을 걸러내
는 여과기가 될 것이다. 집중력과 관련해 명심해야 하는 것이 또 있
다. 엉뚱한 무언가에 집중해봐야 얻을 수 있는 가치가 극히 미미하
다는 사실이다.

**집중해서 일하는 것이
열심히 일하는 것보다 훨씬 중요하다."**

— **필자**

    이제부터는 매일 당신의 황금 시간대가 달라질 것이다. 더는 이
활동에서 저 활동으로 열심히 뛰어다닐 필요 없다. 그다지 중요하지
않은 일들을 완수하는 시간을 가장 보람 있다고 생각하지 말자. 제
일 중요한 일이 무언지 미리 결정하고, 시간을 그 일에만 최우선으
로 할애하자. 장기적으로 성취하고 싶은 무언가를 더 명확히 이해하
고 다른 모든 것에 '노'라고 말할 수 있는 의지가 커질수록 집중력은
강해진다.

    그리고 아침 의식 하나를 만들자. 매일 아침 자신에게 중요한 질

문을 하라. '오늘 하루 나의 궁극적인 목표를 달성하는 데 도움이 되는 하나의 프로젝트만 수행한다면, 어떤 것일까?' 이 프로젝트를 확인하고 나서 자신에게 또 물어라. '이 프로젝트를 완수하기 위해 중대한 진전을 이루려면 오늘 해야 할 가장 중요한 과제들은 무엇일까?' 오늘 당신은 집중의 시간 동안 이러한 과제만 수행하고, 할 일 목록의 나머지 일에는 눈길도 주지 마라.

▎ 2단계: '언제' 집중할지 선택하라

집중력이 단련하고 강화할 수 있는 근육과 같다면, 의지력도 마찬가지다. 의지력은 마르지 않는 샘물처럼 끝없이 샘솟지 않는다. 의지력의 양은 한계가 있다. 또한 하루 종일 일정하게 의지력을 발휘하는 것도 불가능하다.

어떤 연구 결과에 따르면, 우리가 하루에 사용할 수 있는 정신적 에너지와 신체적 에너지가 정해져 있다고 한다. 우리는 눈을 뜨는 순간부터 온종일 곶감 빼먹듯 에너지를 소모하고, 마침내 에너지 창고가 텅 비게 된다. 근육을 많이 쓰면 피로해지는 것은 당연지사다. 의지력도 다르지 않다. 의지력을 많이 소모하면 기능 장애가 발생한다. 가끔은 일과가 끝나기 한참 전에 의지력이 고갈되기도 한다.

우리 모두 이런 경험이 있을 터다. 오늘 해야 할 가장 중요한 일이 있지만 당신은 오전 내내 이 일을 뒤로 미룬다. 낮 12시 점심시간, 당신은 동료와 멕시코 식당에서 럭비공만 한 부리토에 칩과 살사 거기에다 다이어트 콜라까지 피처로 들이킨다. 90분 후 올챙이 배를 안고 느릿느릿 사무실로 돌아와 책상에 앉는다.

그다음은 당신이 생각하는 그대로 뻔한 상황이 벌어진다. 배가 불러 꼼짝하기도 싫다. 나른하고 몽롱한 상태에서 오후 몇 시간이 지루하게 흘러가고 금세 퇴근 시간이 된다. 당신은 곧장 컴퓨터를 끄고 자리에서 일어난다. 마음 한구석이 왠지 허무하다. '대체 오늘 하루 난 뭘 한 거지?'라는 막연한 생각이 머릿속을 떠나지 않는다. 이는 당신만의 문제가 아니다. 가끔은 우리 모두 의지력이 고갈되어 매일 하고 싶은 일을 완수하지 못하곤 한다.

다행히 해결책이 있다. 타임 블로킹^{time blocking}이다. 시간을 체계적이고 합리적으로 활용하기 위해 하루의 모든 일과를 계획하는 시간 관리 전략을 가리키는 시^時테크 방법이다.

하루 중 아무 방해 없이 집중할 수 있는 시간대를 선택하라. 이 시간에 집중하는 걸 매일 최우선 일과로 삼아라. 개중에는 아침 첫 일과로 선택하는 종달새족도 있을지 모르겠다. 나는 이런 아침형 인간을 보면 사촌이 땅을 사기라도 한 듯 배알이 꼴린다. 당신은 어떤가? 그렇게 이른 시간에 무언가를 하면 활기차고 기분이 좋아지지 않는가? 그들은 눈 뜨자마자 빠릿빠릿 움직이고 삶에 만족하며 전력으로 질주한다.

반면 늦은 밤 시간대가 맞는 사람도 있을 터다. 이들 올빼미족이 딱 내 스타일이다. 밤이 깊어질수록 그들의 에너지 수준이 올라간다. 종달새든 올빼미든 상관없다. 일과에 별도의 집중 시간을 미리 결정하는 것이 핵심이다. 이것만 명심하라. 이 시간에는 다른 일을 해서는 절대 안 된다.

처음에는 모든 주의를 기울여 집중하는 것이 길어야 한두 시간을 넘기기 힘들 수도 있다. 하지만 꾸준히 연습하면 어느 순간 집중하는 시간을 점점 더 늘리고 싶어질 가능성이 크다. 더욱이 장기적인 결과가 나타난다면 커다란 보람을 느낄 수도 있다. 내 경우는 월요일부터 목요일까지 나흘 동안 매일 서너 시간 집중하는 게 가장 효과적이다. 금요일 하루를 뺀 데는 이유가 있다. 금요일에는 그동안 '나중으로 미루었던' 모든 일을 처리한다.

▎3단계: '어디'에서 집중할지 선택하라

개중에는 세계 체스 챔피언에 버금가는 고도의 집중력이나 일론 머스크 같은 추진력을 뽐내는 사람도 있다. 만약 당신이 이런 사람이라면 3단계를 뛰어넘어도 될까? 효과적으로 초점을 맞춰 집중하고 싶다면 다시 생각하길 바란다. 어디에서 집중할지 장소를 결정하지 않는다면, 집중력을 효과적으로 발휘하는 데서 실질적인 문제가 생길 수도 있다. 일을 완수하기 위한 가장 중요한 요소는 그 일을 하는 장소, 즉 물리적인 환경이다.

인간의 두뇌는 둘 이상의 작업을 동시에 수행할 때 효과와 능률이 저하된다는 연구 결과들이 있다. 외부적인 또는 내부적인 방해로 주의력이 잠깐이라도 분산된다면, 이전과 똑같은 수준의 집중력이 돌아오기까지 대략 10~20분이 걸린다. 다른 과제에 주의를 기울일 때도 마찬가지다. 문자 메시지 하나, 이메일 하나, 동료가 건네는 인사 한마디, 소셜미디어에 잠깐 한눈을 팔게 됨으로써 족히 15분이 낭비된다는 뜻이다.

휴대전화의 알림을 끄거나 비행기 모드로 바꾸면 간단히 해결된다고? 절대 그렇지 않다. 이런 진부한 조언은 머릿속에서 지워라. 이보다 더 좋은 방법이 따로 있다. 휴대전화를 자동차에 둬라. 같은 공간에 휴대전화가 없으면 귀찮아서라도 휴대전화를 확인하기가 어려울 테니까.

요지는 극단적인 조치가 필요하다는 것이다. 당신이 뭐라고 할지 나는 이미 알고 있다. 응급 상황이 생기면 어떡하냐고 물을 것이다. 911에 긴급하게 신고할 정도의 일이 아니라면 그리 다급한 상황은 아니니 걱정하지 마라.

"브라이언, 누군가 내게 꼭 연락해야 하는 일도 있지 않을까요?" 결혼하기 전이었다면 나는 이 말을 딴지를 걸기 위한 시답잖은 소리라고 치부했을 터다. 하지만 아내와 두 아이가 있는 지금은 다르다. 우리 가족이 가장인 내게 연락을 취할 수 없다면 그건 안 된다. 아이에게 응급 상황이 발생할 수도 있고, 아내가 급히 나와 상의할 일이 생길 수도 있지 않은가. 그래서 나는 휴대폰이 없는 상황에서도 가족과 연락할 수 있는 방법이 필요했고 마침내 간단한 해결책을 찾아냈다. 그것은 배트폰^{bat phone}이었다.

범죄가 들끓는 고담시^{Gotham City}에는, 악당들을 소탕하기 위해 도움이 필요할 때 배트맨에게 바로 연락할 수 있는 직통 전화가 있었다. 그처럼 나 역시 내 사무실에 배트폰을 설치했다. 이것은 구식의 전형적인 유선전화지만 쓰임새만 놓고 보면 휴대전화와 똑같다. 이 전화번호를 아는 사람은 딱 한 명, 내 아내뿐이다. 배트폰 덕분에 내 휴대전화가 꺼져 있어도 내게 가장 중요한 사람들은 언제든 내게 연락할 수 있고, 덕분에 나는 마음 놓고 집중할 수 있다.

집중의 시간에는
내외부적 방해물을 모두 차단하라.
휴대전화를 자동차에 두고,
이메일도 확인하지 마라.
집중의 시간에는 엄격하고 극단적일 필요가 있다."

— **필자**

창의력을 발휘하면 방법은 얼마든지 찾아낼 수 있다. 당신에게 맞는 해결책을 생각해내라. 단, 매일 당신이 방해받지 않고 집중해서 일할 수 있는 시간을 보장하는 해결책이어야 한다.

만약 집중의 시간에 컴퓨터가 필요하지 않다면, 이 기회에 내 제안대로 해보지 않을 텐가? 모든 검은 거울^{black mirror*}을 다른 방에 몰아넣어라. 대신 펜과 종이를 들어라. 아니, 그냥 가만히 앉아 먼저 생각해보는 시간을 갖는 것도 좋다. 당신이 지금 하려는 일이 최우선으로 성취해야 하는 것인지를 스스로에게 물어보자. 만약 컴퓨터를 사용해야 한다면, 집중의 시간에 꼭 필요한 애플리케이션과 브라우저만 남기고 다른 창은 전부 닫아라. 특히 무슨 일이 있어도 이메일에 로그인해서는 안 된다. 이메일은 주의를 분산시키는 시한폭탄이다.

이렇게 하면 비록 잠깐이지만 당신은 외부 세상과 완벽히 단절된다. 이때 경계해야 할 것이 있다. 모든 것을 차단했으니 집중력을 분산시키는 유혹이 없을 거라 생각한다면 이는 잘못된 생각이다. 절대 현혹되어선 안 된다.

'지금 하는 일과 관련 있을 수도 있는데 이메일 한 통 혹은 문자 메시지 하나 확인한다고 큰일 있겠어?' 이런 유혹에 넘어가는 순간 이제까지의 모든 노력이 수포로 돌아간다. 당신은 블랙홀 같은 반

＊ 텔레비전 화면, 모니터, 스마트폰 등을 일컫는 말로 전자 기기를 껐을 때 검은 화면에 본인의 얼굴이 비친다는 데서 따온 용어다.

응의 세상으로 속절없이 다시 빨려들어갈 것이다. 주의할 것이 하나 더 있다. 집중의 시간을 시작하기 전에 필요한 도구를 미리 준비하는 것도 중요하다. 필요한 것이 모두 준비되었는지 사전에 꼼꼼히 확인하는 습관을 들여라.

집중적인 환경이란 단순히 알림을 차단하는 것이 아니다. 가령 혼잡한 스타벅스에 있다고 해보자. 당신이 휴대하는 모든 전자 기기의 전원을 끄는 것으로 충분할까? 음악이 끊임없이 흘러나오고, 낯선 사람들이 계속 오가고, 커피 머신의 거슬리는 소음이 끊이지 않는데 집중할 수 있을까? 집중하기에 이상적인 환경이라 보기 힘들다. 그렇지만 어쩔 수 없이 사람들 틈에서 일해야 한다면? 외부 소음을 차단하는 헤드폰을 쓰고, 백색 소음이나 음악을 듣고, 오가는 사람이 시야에 들어오지 않도록 막힌 방향을 보고 앉으면 도움이 될 수 있다.

완벽히 집중하는 습관은 한번의 실천으로는 부족하다.
주기적으로 실천하는 것도 충분하지 않다.
몸에 배어 당신의 일부가 되어야 한다.
몰입과 집중을 일상의 습관으로 만들어라."

— **필자**

겁먹을 필요 없다. 하루 종일 그러라는 게 아니다. 오직 집중의 시간에만 그러면 된다. 물론 이 모든 아이디어가 가혹하게 들릴 수도 있다. 실제로도 극단적인 행동 수칙이다. 하나만 기억하자. 이러한 집중의 시간에 엄격할수록 더 많은 자유를 즐길 수 있다. 서너 시간 일하고, 그 뒤는 자유 시간이라고 상상해보라(지금이든 가까운 미래든 패시브프러너가 되었을 때의 이야기다).

이것은 공상이 아니라 충분히 실현 가능한 일이다. 평소 며칠간 이룬 성과보다 집중 시간에 더 많이 성취했을 뿐 아니라, 가장 중요한 목표를 달성하는 데만 노력을 쏟은 결과물이다. 어쨌거나 당신이 집중 시간에 정말로 중요한 일에만 전념했고 최대한 많은 진전을 이뤄냈다면 이걸로 충분하지 않을까? 충분하지 않다. 그보다 더 중요한 것이 있다.

세상 사람을 다 속여도 자신은 속이지 못하는 법이다. 당신이 앞의 세 단계를 효과적으로 실천했는지는 자신이 제일 잘 안다. 효과적이었다면 몇 시간이 순식간에 흘렀다는 기분이 들 것이다. 시간의 흐름조차 잊을 정도로 일에 깊이 빠져든 몰입 상태에 이르렀을 테니 말이다. 이러한 몰입은 눈부신 진전을 이루는 탁월한 방법이다. 동시에 보람을 넘어 궁극적으로는 성취감을 얻을 수 있는 삶의 방식이다.

효과적으로 완벽히 집중하는 것과 관련해 마지막으로 당부하고 싶은 말이 있다. 새로운 습관을 길러야 한다. 그러지 않으면 위의 세 단계는 무용지물이다. 일관성은 모든 것을 하나로 묶는 접착제다.

또한 장기적으로 볼 때 일관성은 새로 획득한 집중의 기술이 기하급수적인 곡선을 따라 강력해질 수 있는 힘을 제공한다. 한 번으로 충분할 거라는 기대는 우물에 가서 숭늉 찾는 것과 같다. 아니, 일정한 간격을 두고 주기적으로 실천하는 것도 충분하지 않다. 몸에 배어 반드시 당신의 일부가 되어야 한다. 몰입과 집중의 시간을 일상적인 습관으로 만들어라. 당신 스스로도 깜짝 놀랄 만큼 대단한 능력자가 될 수 있다.

패시브프러너가 되는
3단계

최대한 빠르게,
먼저 성공한 사람의 길에
올라탈 것

MODELING OVER MASTERY

100시간이 1만 시간이 되는 기적, **전문성 모방하기**

'1만 시간의 법칙'이라는 말을 들어보았을 것이다. 연구 결과에 따르면, 우리가 하나의 기술을 완벽히 숙달해서 전문가가 되기까지 대략 1만 시간이 걸린다. 바이올린 연주자가 되고 싶은가? 공중에서 세 바퀴 반을 도는 고난도 피겨 스케이팅 기술 트리플 악셀triple axel을 정복하고 싶은가? 블록버스터를 만드는 영화감독이 되고 싶은가?

▎ 100시간으로 1만 시간의 효과를 낼 수 있다

이런 모든 꿈에 1만 시간의 법칙이 적용된다. 특정 기술에 완벽히 통달해 전문가가 되는 것은 성공의 열쇠다. 단, 그것이 우리가 1만 시간을 투자하고 싶은 일이어야 한다. 무언가에 숙달하기 위해 노력한다면 반드시 자신이 사랑하는 무언가여야 한다. 이쯤에서 의문이 든다. 혹시 시간을 덜 들이면서도 탁월한 결과를 낼 수 있는 다른 방법은 정녕 없을까? 다른 방법이 있다. 바로 모방modeling 접근법이다.

우리 스스로가 직접 특정 분야를 완벽히 익히는 것이 아니라 우리가 이와 동일한 결과를 얻도록 도와줄 그 분야의 전문가를 채용하는 것이 핵심이다. 우리는 시험하고, 개선하고, 실험하고, 실패하고, 재창조하고, 연습하는 데 수천 시간을 쓰지 않아도 된다. 그저 이미 이 과정을 거친 전문가의 도움을 받으면 그만이다. 잘하면 전문가의 도움으로 1만 시간을 100시간으로 단축할 수 있을지도 모른다. 어쩌면 전문가가 되지 못하더라도 전문가가 된 것과 거의 비슷한 결과를 얻을 수도 있다.

우리는 부자가 되는 지름길을 가고자 하므로 이 일에 1만 시간을 쓸 여력이 없다. 최대한 시간을 절약해야 한다. 게다가 우리가 굳이 전문가가 되어야 하는 것도 아니다. 제한적인 기간에 구체적인 결과를 얻을 만큼의 전문성을 갖추는 것으로 충분하다. 당신은 모르겠지만 나는 최고가 되고 싶은 것이 아니다. 그저 자유로워지고 싶을 뿐이다.

▌ 전문가의 조언을 지렛대로 사용하는 법

　모방 기법을 어렵게 생각할 필요 없다. 내가 2호 자동 소득원으로 디지털 강좌를 개설하기로 결정했을 때의 경험이 아주 적절한 사례다. 나는 디지털 강좌가 생전 처음이었다. 그래서 웨비나를 통한 온라인 판매에 정통한 최고의 권위자가 누구인지 찾아 인터넷을 샅샅이 뒤졌다. 강좌는 왜 그리 많고, 자칭 구루라는 사람도 왜 그리 많은지…. 다행히 이름 하나가 내 눈을 확 사로잡았다. 널리 존경받는 온라인 강사 마이크 딜러드Mike Dillard였다. 딜러드 본인도 수백만 달러를 벌었고 그의 학생들도 성공 스토리의 주인공이 되었다. 그래서 나는 수업료가 2,000달러인 딜러드의 교육 강좌에 주저 없이 등록했고, 수험생처럼 정말 열심히 공부하며 배운 것을 그대로 실천하는 모범생이 되었다.

　나는 '하나라도 걸려라'라는 심정으로 이것저것 닥치는 대로 여러 강좌를 수강하지 않았다. 전문가 한 사람을 선택해 그의 강좌 하나만 파고들었고, 강좌에서 배운 내용을 전부 정확히 실천했다. 결과는? 대성공이었다. 내가 딜러드에게서 배우고 모방한 것들은 지금까지 내게 수백만 달러의 보상으로 돌아왔다.

　전문가의 조언을 지렛대로 사용하는 것은 성공의 고속도로를 질주하는 것과 같다. 이 또한 내가 산증인이다. 나는 예전에 내로라하는 어떤 마케팅 권위자에게서 도움을 받기 위해 1만 7,000달러를 썼다. 그는 1세대 인터넷 마케팅 전문가 중 한 사람인 프랭크 컨Frank Kern이다. 컨이 알려준 아이디어 하나가 내 비즈니스를 하룻밤에 바꿔놓았다. 예단하지 마라. 경천동지할 만한 엄청난 조언은 절대 아니었다. 그때까지 내가 한 번도 적용하지 않은 아이디어였을 뿐이다. 컨과의 대화를 통해 나는 머릿속에 들어 있는 기존의 모든 지식을 싹 지워버렸다. 대신 내 비즈니스를 다음 단계로 올려줄 한 가지만 실천했다.

모방 기법을 사용해 투자수익률return of investment, ROI을 신속하게 계산하는 방법이 있다. 이 방법은 전문성을 얻기 위해 투자할 가치가 있을지 단박에 알려준다. 이 전문가에게 돈을 쓰면 향후 1년 안에 최소한 이 투자금을 회수할 가능성이 있을까? '예스'라고 생각한다면 투자한 본전을 건지고 지식은 공짜로 얻으니, 이것 자체도 남는 장사다. 하지만 이것은 모방에 있어서 최악의 시나리오다. 솔직히 투자수익률이 0퍼센트, 본전인 경우는 거의 없다. 가끔은 다섯 배나 열 배의 수익으로 돌아오고, 심지어 투자금 1달러당 100만 달러의 수익을 거두는 것도 불가능하지 않다.

전문성을 돈으로 살 때 우리가 손해를 볼 수 있는 경우는 딱 두 가지뿐이다. 첫 번째는 우리가 전문가의 조언을 실천하지 않을 때다. 두 번째는 전문가의 방법을 실천하되 이 방법이 성공하지 못하는 상황이다. 손해를 보는 첫 번째 경우는 우리에게 책임이 있다. 그렇다면 두 번째 경우는 누구에게 책임이 있을까? 이 또한 우리에게 책임이 있다. 고로 우리가 현명하게 선택하는 수밖에 없다.

이제 모방과 관련해 마지막 질문을 해보자. 우리는 전문가들을 어떻게 활용할 수 있을까? 가용한 수단은 아주 많다. 책, 강좌, 행사, 코칭, 일대일 과외, 온라인, 집단지성을 가리키는 마스터마인드 mastermind* 까지 그야말로 다양하다.

이제까지 사람들에게서 들었던 말은 싹 잊어라. 분명 성공의 지름길은 있다. 그리고 이 지름길은 전문성을 모방하는 것이다.

---

* 두 사람 이상이 명확한 목표 달성을 위해 완벽한 조화를 이루며 지식과 노력을 조직화할 때 형성되는 제3의 지성을 말한다.

CONSUMERS GET POOR, PRODUSERS GET PAID

소비자는 가난해진다, 생산자는 돈을 번다

부의 첫걸음
: 소비자가 아닌 생산자가 되어야 한다

       세상의 모든 거래는 주는 쪽과 받는 쪽이 있다. 돈이 사람에게서 사람에게로 옮겨갈 때 가치가 교환된다. 돈을 주는 사람은 자신이 포기하는 액수와 동등한 가치 또는 그 이상의 가치가 있다고 생각하는 무언가와 교환한다. 대부분의 사람은 이러한 교환 방정식에서 오직 한 변에서만 활동한다. 바로 소비자다. 이들은 언제나 돈을 받는 쪽이 아니라 무언가를 갖기 위해 돈을 주는 쪽이다. 이러한 사람은 가치를 제공할 수 있는 기회를 찾지 않는다. 그저 소비할 생각만 한다.

    나는 우리 모두 생산자가 되기를 바란다. 왜냐고? 이유야 뻔하지 않은가. 생산자는 돈을 받기 때문이다. 영화를 보러 간다고 해보자. 우리는 14달러를 주는 대신 두 시간 동안 영화를 보며 즐거운 경험을 한다(소비자). 반면 영화 제작사는 이 영화로 수백만 달러를 창출한다(생산자). 공유 차량 서비스 우버를 이용할 때도 마찬가지다. 우리는 원하는 곳으로 이동하고, 이 거래의 반대편에 있는 사람들, 즉 우버 앱을 개발한 사람들은 수십억 달러의 돈방석에 앉는다(생산자).

공유 차량 세상의 최고 강자는 우버이고, 리프트가 그 뒤를 잇는다. 그렇다면 세계 6위의 차량 호출 앱은 누가 소유할까? 이 앱의 주인이 누구든 중요하지 않다. 게다가 업계 공룡들에 비하면 이 앱의 주인은 영세한 생산자다. 그럼에도 자신의 앱을 이용하는 99퍼센트의 고객보다 돈을 더 많이 벌 것이다. 내가 무슨 말을 하려는지 알겠는가? 아무리 별 볼 일 없는 생산자라도 소득에서는 소비자를 압도한다는 뜻이다.

모든 부자는 생산자 역할이 첫 번째고 소비자 역할은 그다음이다. 부자가 소비할 때도 우리 같은 평범한 사람들과는 수준이 다르다. 고급 주택, 초대형 요트, 제트기 등이 부자들의 쇼핑 목록에 오른다. 그들이 이러한 소비를 감당할 수 있는 것은 생산자로서 훨씬 더 많은 소득을 창출할 수 있어서다. 그들을 성공한 슈퍼리치로 만들어주는 원천은 수많은 소비자에게 재화나 용역을 제공하는 데서 나온다.

생산자는 현실적으로 어떤 모습일까? 생산자가 되려면 어떻게 해야 할까? 임차인의 삶을 청산하고 임대인이 되어라. 제품을 구매하지 말고 제품을 팔아라. 책을 많이 읽고 그런 다음 책을 직접 써라. 프리랜서가 되지 말고 프리랜서 웹사이트를 소유하라. 프리랜서의 연평균 소득은 3만 9,000달러인 반면, 글로벌 프리랜서 플랫폼 업워크Upwork의 가치는 15억 달러에 이른다. 피고용인이 되지 말고 사람들을 고용하라. 정규직 근로자의 평균 연봉은 4만 6,000달러지만, 이들에게 월급을 주는 고용주는 수백만 달러 혹은 수십억 달러를 번다. 청소부가 되지 말고 청소 용역 업체를 운영하라. 사람들을 고용해 하루에 주택 31채를 청소한다면 연간 수백만 달러를 벌 수 있다.

이 외에도 우리 스스로 생산자가 되기 위해 선택할 수 있는 경로는 많다. 이러한 경로를 자세히 알아보기 전에, 먼저 패시브프러너와 자산의 관계부터 알아보자.

WORK
YOUR
ASSETS

자산이 '열일'하게 하라

자산이 스스로 일하도록
현금 파이프라인을 가동하라

　　나는 수년간 부자가 되는 비결을 알기 위해 부자들을 열심히 연구했다. 당연한 말이지만 경제적으로 성공하는 이유는 다양하다. 자신의 자산을 최대한 활용하는 것도 성공 비결의 하나다. 개개인이 소득을 창출할 수 있는 잠재력은 늘 한계가 있게 마련이다. 그렇지만 자산이 창출할 수 있는 소득의 규모는 무한하다. 소득의 '화수분'을 갖고 싶은가? 그렇다면 무조건 열심히 일하는 것이 정답이 아니다. 우리의 자산으로 승부수를 띄울 필요가 있다.

　　자산이란 무엇일까? 누구에게 이 질문을 하느냐에 따라 자산의 정의는 달라진다. 나는 회계를 비롯해 무미건조하고 지루한 금융 세상과 관련 있는 모든 정의는 고려하지 않을 생각이다. 대신에 이 책의 목적에 부합하는 식으로 자산을 정의해보자. 지금부터는 자동적인 방식으로 우리의 곳간을 불려주는 모든 것을 자산이라고 부르려 한다. 다시 말해 자동적인 현금 파이프라인이 여기서 말하는 자산이다.

> 부자는 자산을 획득한다.
> 중산층과 가난한 사람들은 부채를 획득하면서
> 그것을 자산이라고 생각한다."
> — 로버트 기요사키, 《부자 아빠 가난한 아빠》의 저자

다이아몬드 반지와 자동차 같은 물질적인 소유물은 물론이고 집까지도 자산의 범주에 포함시킬 수 있다. 하지만 이러한 '자산'은 우리가 소비할 수 있는 진짜 돈 즉 실질적인 가처분 소득을 창출하지 못한다. 반면에 사업체, 배당주dividend stock, 투자 부동산investment property 등은 소유할 수 있는 자산일 뿐만 아니라 우리 주머니로 이어지는 현금흐름을 만들어낸다.

나는 어째서 자산의 의미를 이처럼 협의적으로 정의하는 것일까? 이 책에 소개하는 부자 철학의 토대에 그 답이 있다. 다시 말해 우리가 원하는 것은 개인적인 시간을 전혀 혹은 거의 투입하지 않고 소득을 창출하는 자산이기 때문이다. 이러한 종류의 자산을 획득하는 데만 오롯이 초점을 맞춘다면, 우리는 시간과 돈 모두에서 슈퍼리치가 될 수 있다.

자동 소득을 창출하는 자산을 원한다면 해야 할 일은 정해져 있다. 이미 자산을 자동 소득원으로 사용해서 신속하게 부를 창출하고 있는 사람들을 관찰하라. 패시브프러너에는 세 가지 유형이 있다. 소유자, 창조자, 통제자가 그 세 가지다. 지금부터 이들 유형 각각에 대해 자세히 알아보자. 알아야 면장을 한다는 속담처럼 유형별 특성을 자세히 알아야 자신이 어떤 유형의 패시브프러너가 되고 싶은지 결정할 수 있지 않겠는가.

THE OWNERS

자산을 소유하라

소유자형
패시브프러너

우리가 본인 명의로 자산을 소유하려면 어떻게 해야 할까? 자신이 피땀 흘려 번 돈으로 자산을 매입해도 좋고 혹은 돈을 빌려서 살 수도 있다. 어떤 식으로든 첫날부터 현금흐름을 생성시키는 자산을 구입한다면 우리는 명실상부 소유자다. 소유자가 되는 것은 패시브프러너의 여정을 신속하게 시작하는 좋은 방법이다. 게다가 여기에는 놀라운 장점이 있다. 굳이 우리의 돈을 사용하지 않아도 된다는 점이다.

쉬운 예를 들어보자. 나는 대학을 졸업한 뒤 생애 처음으로 부동산을 매입했다. 두 세대가 거주하는 듀플렉스^{duplex} 구조였는데, 두 공간 중 하나를 내가 사용했다. 주인인 내가 직접 거주하므로 나는 계약금 한 푼 내지 않고 듀플렉스 건물을 매입할 수 있었다. 옆집은

침실이 세 개였고 나는 침실 각각을 인근 대학의 학생들에게 세를 주었다. 총 월세는 주택담보대출의 월 상환액과 모든 공과금을 지불하고도 약간의 돈이 남아 긍정적인 현금흐름이 만들어졌다.

이 듀플렉스는 자산이다. 내 주머니로 돈이 들어왔기 때문이다. 게다가 부수적인 이득도 있었는데 내가 공짜로 거주할 수 있는 공간이 생겼다. 그것도 원하는 만큼 무기한으로. 내가 이 듀플렉스의 주인이었으니 당연히 소유권 권리증서에는 내 이름이 올라 있다. 비록 담보 대출을 받았지만 대출금을 갚기 위해 내 돈은 한 푼도 쓰지 않았다. 나는 생애 첫 부동산인 이 듀플렉스를 통해 소유자의 세상에 첫발을 들였다. 그런 다음 본격적인 부동산 쇼핑에 나섰다. 마침내는 여러 임대 부동산을 사모아 여유로운 생활이 가능할 만큼 충분한 현금흐름이 만들어졌다. 결과적으로 말해 나는 임대 부동산 덕분에 생계형 직장인에서 벗어나 자발적 실업자로서의 새 삶을 시작할 수 있었다.

▎소유자형 패시브프러너로 만들어주는 자산

소유자형 패시브프러너로 만들어주는 자산은 다양하다. 아파트와 모기지 어음mortgage note*은 당연하고 플리파닷컴Flippa.com** 같은 사이트에서 거래되는 디지털 부동산과 웹사이트도 소유형 자산에 속한다. 그뿐만이 아니다. 셀프 세탁방, 세차장, DVD와 비디오 게임 등을 대여하는 자동화된 키오스크 레드박스^{Redbox}, 광고판, 임대 창고 등등 자동화된 비즈니스를 소유함으로써 자동 소득을 창출할 수도 있다. 무인으로 작동하고 물리적인 실체가 있다면 무엇이든 자산이 될 수 있다. 이런 유형의 소유자에는 유명인도 많다. 투자의 귀재 워런 버핏, 살아 있는 미국 프로 농구의 전설 매직 존슨, 월마트의 창업자 가문 월튼 일가가 대표적이다.

한편 운영에는 일절 관여하지 않고 소유자가 되는 방법도 있다. 이것은 내가 특히 좋아하는 소유 형태다. 출자만 하고 운영에는 관여하지 않기에 암묵적 파트너십$^{silent partnership}$이 작동한다. 예컨대 당신은 부동산 개발 프로젝트에 유한 책임 파트너$^{limited partner}$로 참여해 투자하고 개발 이익의 일부를 완벽히 간접적으로 소유할 수 있다.

회사를 소유하는 경우는 셈법이 약간 복잡해진다. 일상적인 운영과 경영에 일절 관여하지 않는 사람이라면 소유자 유형에 포함시킬 수 있다. 다시 말하지만 우리는 직업이 아니라 더 많은 자유 시간을 원한다는 사실을 잊지 마라. 따라서 직접 운영해야 한다면 어떤 경우에도 절대 사업체를 소유해서는 안 된다. 이것은 진정한 자동 소득원이라 볼 수 없다. 당신이 회사에 극히 제한적으로만 개입해도

---

* 미국에서 특정 모기지로 담보된 약속 어음으로, 부동산 유치권 또는 차용인 어음이라고도 한다.
** 웹사이트, 도메인 이름, 모바일 앱을 사고파는 온라인 마켓 플레이스

되고, 더 나아가 당신 없이도 회사가 계속 성장할 수 있다면 당연히 축하할 일이다. 당신은 진정한 소유자다.

이뿐만 아니라 공유 경제를 통해 소유자형 소득을 창출하는 방법도 다양하다. 가령 렌딩클럽닷컴LeningClub.com 같은 P2P 대출 플랫폼에서 당신의 돈을 '공유'할 수 있다. 뒷마당이나 노는 땅이 있는가? 캠핑계의 에어비엔비 힙캠프닷컴HipCamp.com에 유휴 공간을 올리면 행사 등등을 위해 필요한 사람들이 유상으로 그것을 빌린다. 또한 스페이서닷컴Spacer.com에서 수영장이나 차고는 물론이고 여분의 창고까지 임대할 수 있다.

자동차는 어떤가? 세계 최대 P2P 차량 공유 업체 투로Turo에 차량 렌트 광고를 하거나 차량 광고 업체 래피파이Wrapify의 광고물을 부착해 자동차를 움직이는 광고판으로 만드는 것도 하나의 방법이다. 차량 렌트나 랩핑 광고로 잘하면 자동차 월 할부금을 충당할 만큼의 돈을 벌 수도 있다. 다른 말로 우리는 공짜로 자동차를 소유할 수도 있다.

브이알비오VRBO나 에어비앤비를 통해서는 집을, 보트세터닷컴 boatsetter.com을 이용하면 보트를 공유할 수 있다. 요컨대 우리가 소유하고 있는 모든 자산이 공유 경제의 대상이 될 수 있다. 당신이 소유한 것을 임대해 현금화하라. 공유 경제에 대해서는 소유자의 세 번째 유형인 통제자를 공부할 때 좀 더 자세히 알아보자.

당신은 개인 전용기나 요트를 가진 부자를 보면 어떤 생각이 드는가? 아마도 꽤나 큰돈을 들여 샀으리라 생각할 테지만 그렇지 않다. 예나 지금이나 부자들은 다르다. 그들은 제트기나 요트를 큰돈 들이지 않고도 소유할 수 있음을 잘 안다. 내 친구 중 한 명이 그랬다. 그 친구는 자신의 돈을 한 푼도 쓰지 않고 개인 전용기를 소유하는 방법을 알아냈다. 그 답은 전용기 대여에 있었다. 오늘날에는 개인 제트기 전세가 친구의 주머니를 불려주는 어엿한 수익 사업이 되었다.

▌소유자형 패시브프러너가 감당해야 할 것들

세상의 모든 일에 양면이 있듯 소유자에도 빛과 그림자가 있다. 최고 장점은 수익성 자산을 소유하기 위해 필요한 시간을 줄일 수 있다는 점이다. 수익성 임대 자산을 매수하는 경우를 예로 들어보자. 매물을 조사해 확인하고 매매 계약을 체결해 취득하기까지 두 달이 걸릴 수도 있다. 그러나 자산이 우리 소유가 되고 적절한 임차인을 확보한 순간부터는 소유자로서 달콤한 열매를 즐기면 된다. 현금 파이프라인이 본격적으로 가동을 시작하기 때문이다. 따라서 자산을 소유하는 것은(순조롭게 진행된다는 가정하에) 거의 즉각적인 현금흐름을 소유하는 것과 같다.

반면 소유자로서 감수해야 할 단점은 명백하다. 자산을 매수해야 하고, 그러려면 돈이 필요하다. 앞서 말했듯 자산 구매 비용의 출처는 두 가지다. 경제력이 뒷받침되는 사람은 100퍼센트 자비로 매입할 수 있다. 아니면 남의 돈으로 매수해야 하는데, 누군가와 공동으로 구매하는 방법도 있고 금융 기관이나 개인에게서 돈을 빌리는 방법도 있다.

그런데 자산에 투자할 돈도 거의 없고 대출을 받을 만한 신용도 안 된다면 어떻게 해야 할까? 이런 경우라면 소유자가 되기에는 확실히 불리한 조건일지도 모르겠다. 게다가 빚은 언제나 위험이 따른다. 나는 2008년 부동산 대폭락 사태를 겪으며 비싼 수업료를 내고 이것을 배웠다.

나는 순가치로 수백만 달러의 부동산 부자였는데, 부동산 거품이 꺼지면서 한순간 나락으로 떨어져 130만 달러의 부채를 진 빚쟁이가 되었다. 말 그대로 모든 것을 잃고 완전히 알거지가 되었다. 지금은 부채를 말끔히 청산해 개인적인 빚은 1달러도 없다. 단, 내가 개인 보증personal guarantee을 서지 않는, 다른 말로 내가 직접 변제할 의무가 없는 빚은 예외다. 이러한 부채를 레버리지leverage* 로 활용하면 부자 중의 부자가 될 수도 있다.

당연한 말이지만 패시브프러너가 되기 위한 첫 번째 자동 소득원으로 소유형 자산을 선택하지 않는 사람도 있다. 이것은 개인 취향

---

* 기업 등이 차입금 같은 타인 자본을 지렛대처럼 이용해 자기자본이익률을 높이는 것으로 '빚을 이용한 투자'라고 할 수 있다.

이니 상관없다. 하지만 나는 패시브프러너로서 궁극적인 종착지는 소유자여야 한다고 믿는다. 요컨대 모두가 재테크 여정에서 어느 순간이 되면 자산을 직접 소유하는 것을 목표로 해야 한다.

THE CREATORS

자산을 직접 창조하라

창조자형
패시브프러너

       누군가에게는 무언가를 창조하는 것이 패시브프러너의 세상에 첫발을 들이는 가장 쉬운 방법이다. 창조자형 패시브프러너는 현금흐름을 생성시킬 유망한 사업을 시작하기 위해 '땀의 지분 sweat equity' 경로를 따른다. 이것은 창조자 유형의 장점이 될 수도 있다. 자기 돈이든 빚이든 상당한 액수의 초기 자금을 조달해야 하는 문제를 우회할 수 있어서다. 대신에 창조자는 다른 두 가지에 크게 의존한다.

  첫째는 물으나 마나 본인의 노력이다. 그리고 지수 함수적 성장의 강력한 힘이 그들을 부자로 만들어주는 특급 도우미 역할을 한다. 오늘날에는 창조자형 패시브프러너가 빠르게 증가하는 추세인 만큼 이를 좀 더 자세히 파헤쳐보자.

노력 대비 보상이 가장 큰 창조자형 패시브프러너

창조자는 소유자와는 근본적으로 다른 종족이다. 많은 창조자가 소득도 없고 판매할 제품이나 서비스도 전혀 없는 '무'의 상태에서 시작한다. 그리고 창의성과 담대한 배짱과 끈기에 의지해 '유'를 창조하고 성장시킨다. 어떤 점에서 보면 이 경로는 사서 하는 고생길일지도 모르겠다. 이익이 발생할 때까지 무수한 밤을 뜬눈으로 지새우다시피 하고 아무 소득도 없이 일에 파묻혀 살아야 할 수도 있다. 솔직히 업종에 따라 몇 달간 심지어 몇 년간 흑자를 내지 못하는 창조자가 대부분이다. 이런데도 창조자의 길을 가는 이유는 무엇일까? 창조자가 될 때 얻을 수 있는 보상이 어마어마하기 때문이다. 대박을 터뜨리면 그야말로 한방에 슈퍼리치가 된다.

슈퍼리치에는 어떤 이들이 있을까? 이 글을 쓰는 현재, 세계 최고 부자인 테슬라의 창업자이자 CEO인 일론 머스크가 가장 대표적인 사례다. 또한 아마존의 제프 베이조스, 메타로 사명을 바꾼 페이스북의 창업자 마크 저커버그, '토크쇼의 여왕' 오프라 윈프리도 둘째가라면 서러울 창조자들이다.

오해하지 마라. 꼭 수십억 달러를 벌어야만 창조자라는 뜻은 아니다. 그저 자신이 창조하는 무언가가 자동 소득을 창출할 수 있으면 된다. 창조자로서 소득 파이프라인을 구축하는 방법은 아주 많다. 유료 콘텐츠, 온라인 강좌, 디지털 제품, 플랫폼, 소프트웨어, 애플리케이션, IT 스타트업 등등을 창조해도 되고, 글쓰기를 좋아한다면 작가가 되는 방법도 고려해볼 수 있다. 종이책, 오디오북, 전자책 어떤 형태든 상관없다. 디지털 제품을 만들고 온라인 강좌를 개설하라. 구독료 기반의 커뮤니티를 구축하고 팟캐스트를 시작하라. 특히 팟캐스트는 폭넓은 청취자가 확보되면 거액의 스폰서 광고가 붙을 수도 있다.

 무의 상태에서 얼마든지 유를 창조할 수 있다.
이것이 창조자형 패시브프러너의 매력 포인트다.
단 창의성과 담대한 배짱, 끈기는 필수 요소다."

— 필자

서비스형 소프트웨어software as a service, SaaS나 모바일 앱을 개발하면 어떨까? 구매 한 건당 일정액이 당신의 계좌에 따박따박 들어온다. 또한 콘텐츠 창작자(크리에이터)가 되어 유튜브에서 쇼를 진행하는 방법도 있다. 인플루언서가 되고 싶은가? 인스타그램에서 특정 제품들을 홍보하라. 당신이 디지털 페르소나digital persona(디지털 정체성)를 통해 영향을 미치는 팔로워들에게 그 제품을 노출시킴으로써 수익이 발생한다. 이뿐만 아니라 그룹 코칭이나 웨비나 기반의 코칭 또는 컨설팅으로도 창조자형 패시브프러너가 될 수 있다.

정말이지 창조자의 세상은 넓고도 깊다. 가령 당신은 특허를 출

원할 수도 있고, 저작권이나 면허를 취득할 수 있다. 자가 상표^{private} labeling, PL를 만드는 것도 하나의 선택지다. 좋은 제품을 찾아서 당신의 브랜드로 시장에 출시하라. 바야흐로 오늘날은 창조자에게 전례 없는 기회의 시대다. 이러니 패시브프러너를 꿈꾸는 많은 사람이 창조자 유형을 '첫 번째 픽'으로 선택하는 것이 당연하다.

▎무에서 유를 창조하는 데는 땀의 지분이 필요하다

창조자로서 단시일에 수백만 달러를 버는 것은 결코 허황된 꿈이 아니다. 충분히 가능하다. 게다가 이것은 이 책에서 말하는 부의 정의에도 완벽히 부합한다. 일단 자산을 창조하고 나면, 이 자산이 향후 수년간 우리의 곳간을 지속적으로 불려줄 가능성이 있기 때문이다.

소유자 유형과 마찬가지로 창조자 유형의 여정에도 빛과 그림자가 공존한다. 창조자 여정의 가장 큰 장점은 이미 소개한 대로 초기 자금이 거의 필요하지 않다는 점이다. 언젠가 한 친구에게서 온라인 비즈니스의 창업 비용에 관한 질문을 받았다. 친구들은 내가 온라인 제품으로 성공하는 것을 가까이서 지켜보았고, 온라인 비즈니스에 필시 많은 돈이 필요할 거라고 지레짐작했다. 온라인 제품을 처음 출시하면서 과연 나는 얼마를 썼을까? 내 말을 듣고 친구들은 다들 놀랐다. 나는 겨우 몇백 달러를 썼을 뿐이다. 나는 먼저 온라인 도구 몇 개를 직접 만들었다. 그런 다음 이들 도구에 '생명력을 불어넣기' 위해 글로벌 프리랜서 플랫폼 업워크에서 전문가를 고용했다. 비용은 약 800달러였다.

이렇듯 나는 성공적인 창조자가 되기 위해 금전적으로는 큰돈이 들지 않았다. 하지만 세상에 공짜 점심은 없다. 나는 창조자의 여정을 시작한 초창기에 시간과 노력을 많이 투자했다. 당신도 마찬가지다. 돈이든 시간이든 당신은 비용을 치러야 한다.

| 우연한 성공은 없다, 자신을 내려놓고 헌신하라

이것은 창조자의 길을 어렵게 만드는 가장 큰 단점이다. 창조자로서 성공하고 싶다면 방법은 하나뿐이다. 에너지와 집중력과 시간을 투자해 막대한 희생을 치러야 한다. 이를 뒤집어 말하면, 몇 년간 전통적인 방식으로 죽어라 일하는 것이 겁나지 않는 사람은 창조자로서 풍부한 현금흐름을 생성시킬 수 있다는 뜻이다.

장기간에 걸쳐 지속적으로 투자하겠다는 의지는 창조자에게 필수 덕목이다. 더욱이 이 기간에 직접적인 결과는 구경조차 못 할 수도 있다. 소유자는 오늘 자산을 구입하면 당장 내일부터 가시적인 이득이 발생한다. 반면 창조자에게는 언감생심이다. 오히려 완벽한 경제적 자유를 쟁취하기 위해 오늘, 내일, 몇 달, 몇 년간 매일 열심히 일하는 사람이 창조자다.

> **통계에 잡히지 않는 실패한 창업자가 족히 수백만 명은 된다는 걸 기억하라."**
>
> — **필자**

이뿐만이 아니라 냉철하게 직시해야 할 암울한 현실도 있다. 창조자의 길은 실패율이 높다. 솔직히 창조자 대부분이 실패한다. 소규모 비즈니스의 90퍼센트가 창업 후 '마의 5년'을 넘기지 못하는 것으로 추산된다. 이것은 어디까지나 통계 수치다. 나는 통계에 잡히지 않은, 실패한 창업자가 족히 수백만 명은 될 거라고 본다. 이들 '숨은' 실패자까지 포함하면 영세 사업자의 파산율은 더 높을 수밖에 없다.

예비 창조자는 이것을 새겨들어야 한다. 훗날 시간과 돈을 원 없이 누리기 위해 당장은 자신을 아주 많이 내려놓아야 할 것이다. 그렇지만 한 가지는 약속한다. 고진감래를 기억하라. 고생한 만큼, 아니 그보다 훨씬 더 큰 보상이 돌아온다는 것을.

당신이 창조자에게 무엇이 요구되는지 정확히 알고 이 경로를 선택한다면, 나는 마음을 다해 응원을 보낸다. 실제로 이 책은 창조자로서 성공하기 위해 필요한 자질과 특성을 설명하는 데 상당한 지면을 할애한다. 그러나 가장 중요한 것은 따로 있다. 성공적인 창조자가 되는 경로에서 이탈하게 만들 수 있는 장애물과 함정들이다. 이러한 함정은 나중에 더 자세히 알아볼 테니, 우선은 생소할 수도 있는 마지막 패시브프러너 유형에 집중하자.

THE CONTROLLERS

자산을 통제하라

통제자형
패시브프러너

비즈니스 세상의 여러 반골 가문 중에서도 거의 알려지지 않은 이단아들이 있다. 이들은 자동 소득원이 없을 것처럼 보이는 영역에서 자동 소득을 창출하는 방법을 배웠다. 이 이단아들은 자신이 소유하지 않은 자산에서 현금흐름을 생성시킨다. 또한 타인의 자산을 활용해 자신의 소득 파이프라인을 구축할 줄 안다. 이들이 바로 패시브프러너의 마지막 유형인 통제자다.

대표적인 통제자 유형으로는 타인의 제품을 관리하고 판매하는 제휴 마케팅 전문가와 자신이 아직 소유하지 않은 제품을 판매하는 재판매자가 있다. 타인의 돈을 운용하는 헤지펀드 매니저도 이 유형에 포함된다.

"브라이언, 부동산을 소유하라는 말이 아닙니다. 그저 통제하라는 이야깁니다."

자산 통제란 무엇일까? 나는 몇 해 전 이 개념 전체를 전혀 뜻밖의 장소에서 처음 알게 되었다. 부동산 대폭락 사태로 빈털터리가 되어 마케팅 회사에 재취업했을 때였다. 업무의 일환으로 전국 각지의 콘퍼런스에 가끔 참석해야 했기에 당시 나는 출장이 잦은 편이었다. 한번은 애리조나주 피닉스로 출장을 가는 길이었는데 비즈니스 좌석의 옆 승객이 말을 걸어왔다.

손목에 두른 3만 달러짜리 롤렉스 시계며 값비싸 보이는 이탈리아제 구두까지, 한마디로 그 신사는 성공의 냄새를 풍겼다. 그는 기업들을 사고파는 일을 하며 여러 산업에서 앤젤 투자자angel investor*로 활동한다고 자신을 소개했다. 이에 나도 기업가가 되고 싶지만 부동산 시장 붕괴를 경험하고 나니 이제 무엇을 해야 할지 잘 모르겠다며 솔직하게 털어놓았다.

나는 내 역사를 간략히 들려주었다. 20대 초반에 백만장자가 되어 임대 부동산들에서 발생한 현금흐름으로 남부럽지 않게 잘 살았는데 부동산 시장의 붕괴로 알거지가 되었고, 생계를 위해 어쩔 수 없이 마케팅 회사에서 일한다고 설명했다. 또한 내가 임대한 아

---

* 초기 단계의 기업에게 투자 형태로 자금과 경영 자문을 제공해 기업의 가치를 높인 후 일정한 방법으로 투자 이익을 회수하는 개인 투자자

파트에 있는 여분의 침실을 에어비앤비에 숙소로 등록해 짭짤한 소득을 올리는 과정도 간략히 설명했다.

그는 내 에어비앤비 비즈니스와 이것이 어떻게 작동하는지에 관해 계속 질문했다. 나는 생면부지의 사람이 어째서 내 부업에 관해 이토록 궁금한 게 많은지 영문을 알 수 없었다. 더욱이 그가 에어비앤비 비즈니스에 흥미가 있을 것 같지 않았기에 더 그랬다. 회사를 사고팔아 수백만 달러를 버는데 뭣 하러 푼돈에 관심을 두겠는가. 그런데도 그는 진심으로 관심이 있는 것처럼 보였다.

한동안 대화를 이어가다가 더는 궁금함을 참지 못하고 내가 단도직입적으로 물었다.

"내 에어비앤비 비즈니스에 이토록 관심을 갖는 이유가 무엇인지 궁금하네요?"

"당신이 이 사업으로 뭔가 크게 터뜨릴 수도 있겠다 싶어서입니다."

나는 의심이 가득한 목소리로 물었다.

"정확히 어떤 부분이요?"

그는 커피를 한 모금 홀짝이고는 나를 물끄러미 쳐다보았다.

"글쎄요, 이 비즈니스를 확장하고 많은 임대 자산을 확보한다면 큰돈이 되지 싶군요."

나도 이 논리에는 백번 공감했다. 임대 부동산 몇 개만 있어도 지금의 벌이와 비슷할 터였고 또다시 자발적 실업자의 삶을 살 수 있으리라. 하지만 이론과 현실은 달랐다. 나는 내 분수를 잘 알았다. 어차피 이것은 불가능했다.

"저는 이 비즈니스를 확장할 방법이 없습니다. 여럿은 고사하고 하나도 구입할 능력이 안 되죠. 행여 능력이 된다고 해도 그 지뢰밭에 다시 발을 들이고 싶은 마음은 없습니다. 예전에 대출을 많이 받았다가 쫄딱 망해 이 신세가 되었으니까요."

그가 나를 쳐다보며 미소를 지었다.

"브라이언, 부동산을 소유하라는 말이 아닙니다. 그저 통제하라는 이야깁니다."

"무슨 말씀이신지?"

"당신이 자산들을 적법하게 통제하고 이들 자산을 이용해 수입을 창출한다면 굳이 직접 소유하지 않아도 됩니다. 당신이 법적인 통제권을 갖는 방식으로 부동산을 임대하면 그만이죠. 그리고 주인들의 허락을 받아 단기 임대 매물로 온라인에 광고하는 겁니다. 물론 이 일로 자산을 만들지는 못하겠죠. 하지만 당장 당신에게 필요한 것은 자산 축적이 아니지 않습니까. 직장을 그만두고 당신이 원하는 라이프스타일을 즐길 수 있을 만큼의 풍부한 현금흐름이 필요하잖아요."

그의 말을 듣는데 전구가 켜진 듯 머릿속이 환해지는 기분이었다. 그동안 어떻게 이토록 단순한 아이디어를 떠올리지 못했는지 어이가 없었다.

"그러니까 저더러 통제자가 되라는 말씀이시죠?"

나는 확실히 하려고 되물었다.

"맞습니다. 아까 당신이 여분의 방으로 얼마를 버는지 들려주었 잖습니까. 이런 식이면 부동산이 많이 없어도 상당한 수입이 보장 될 듯싶군요."

며칠 후 집으로 돌아오는 비행기 안에서 나는 새로 발견한 희망 에 부풀어 있었다. 그리고 그가 제안한 대로 통제자의 여정을 곧장 시작했다. 그러자 재미있는 일이 벌어졌다. 소유자였을 때보다 경제 적으로 더 빨리 독립할 수 있었다. 20대 초반 소유자 경로를 따랐을 때는 이 경제적인 '이정표'를 달성하기까지 3년이 걸렸다. 그리고 많 은 대출과 수백만 달러의 부동산까지 필요했다. 하지만 통제자로 포 지션을 바꾸자 이런 모든 것이 하나도 필요하지 않았다.

통제자가 되고 반년도 안 돼서 내가 주무르는 부동산이 다섯 개 로 불어났다. 무엇보다 당시 연봉 10만 달러가 넘는 직장을 그만둘 수 있을 정도의 매출이 발생했다. 나는 미련 없이 직장을 또다시 해 고했고 통제자 세상에 더 깊숙이 들어갔다. 부동산을 계속 모으며 에어비앤비 비즈니스를 확장했다.

결과적으로 말해 이 소득원 하나가 내게 돈과 시간을 되찾아주 었다. 월급쟁이의 삶에서 영원히 해방될 수 있는 경제적인 자유를 얻었을 뿐만 아니라 언제나 꿈꾸던 라이프스타일을 즐길 수 있는 시간도 생겼다.

▮ 소유하지 않고 통제함으로써 얻는 이익

이게 다가 아니었다. 나는 이 소득원을 발판 삼아 다른 많은 자동 소득원을 구축해 진정한 부자로 거듭날 수 있었다. 에어비앤비 임대 숙소를 통제하는 일은 내 삶에 찾아온 두 번째 기회였다. 나는 예전에 잃은 것을 전부 만회했음은 물론이고 훨씬 더 많은 것을 얻었다. 급기야 이것은 다른 비즈니스로 이어졌다. 오늘날 나는 그룹 코칭 프로그램을 운영한다. 이것은 10만 달러 이상의 고소득 BNB 코치들이 에어비앤비 비즈니스 성공 비법을 가르치는 프로그램이다. 지금까지도 나는 에어비앤비보다 더 쉽고 더 빠르게 현금흐름을 생성시킬 수 있는 자동 소득원을 알지 못한다. 필요하다면 www.freebnbcall.com에서 더 많은 정보를 찾아보라.

내 경험에 기대 생각해보면 통제자 유형은 소유자의 단점은 피하고 대신 소유자의 장점은 취할 수 있었다. 나는 소유자에게 필요한 자원 없이도 소유자에게 허락되는 혜택을 고스란히 누렸다. 이것은 정말 강력한 수익 모델이다. 필요한 것은 관계 자본relationship capital*이 전부이기 때문이다. 부동산 주인들이 우리와 한배를 타도록 만들면 된다. 즉 우리가 그들의 자산을 통제하는 것이 우리와 그들 모두에게 윈윈이라는 것을 납득시키는 것이다. 이로써 부동산 소유자

---

* 지적 자본의 세 가지 주요 구성 요소 중 하나로, 주요 이해관계자와의 관계에 내재된 가치를 말한다.

들이 별다른 노력 없이 수익을 창출하도록 돕는 동시에 통제자인 우리의 곳간을 채워주는 윤리적이고 수익성 좋은 소득원을 창조할 수 있다.

내 친구 랜디^{Randy}는 통제자의 또 다른 본보기로, 자동차를 지렛대로 활용했다. 랜디가 활용한 건 지인 소유의 자동차를 자동차 공유 앱 투로에 등록하고 여기서 발생하는 수입을 주인들과 나누는 방식이다. 랜디는 이 자동 소득원으로 상당한 소득을 창출했다. 더욱이 오늘날은 이 모든 과정이 자동화되었다. 랜디는 이익 분배 계약을 통해 타인의 자동차들을 통제할 뿐, 아무것도 소유하지 않고 아무것도 창조하지 않았음에도 튼튼한 현금 파이프라인을 보유하고 있다.

●다른 사람의 제품을 판매할 권한을 얻어라

제휴 마케팅 전문가들도 통제자 유형에 포함된다. 제휴 마케터들은 타인의 제품과 서비스를 판매할 권리를 갖는다. 나도 제휴 마케터들을 활용한다. 나는 특정한 조건에 부합할 경우 그들이 내 제품을 판매할 권한을 허용하고, 그들이 발생시키는 매출을 절반씩 나눠 갖는다. 잠깐 생각해보라. 그들은 아무것도 창조하지 않았고 제품을 소유하지도 않았으며 돈이든 노력이든 사전에 투자한 것이 없다. 그저 내 제품들을 판매할 권리를 획득하는 것만으로 큰돈을 챙길 수 있다.

나와 거래하는 제휴 마케터들 중 이메일 구독자가 많은 사람은 주말 이틀 동안 10만 달러 이상의 매출을 달성한다. 좋은 예가 있다. 자수성가한 억만장자로 세일즈 트레이닝 전문가인 그랜트 카돈 Grant Cardone이 언젠가 나와의 인터뷰를 유튜브에 업로드했다. 카돈이 의도한 바는 아니었지만, 이 영상 하나로 내 제품이 10만 달러 이상 판매되었다. 이후 플로리다주 마이애미에서 그를 다시 만났을 때 나는 매출의 절반에 해당하는 수표를 건넸다.

● 사람들의 주의와 관심을 통제하라

사람들의 주의력attention도 통제 대상이 될 수 있다. 가령 당신이 제휴 마케터로서 웹사이트를 운영하고, 여기서 아마존의 제품들을 추천하는 링크를 공유한다고 하자. 당신은 웹사이트 방문자가 이 링크를 클릭하고 구매할 때마다 건당 소정의 수수료를 받을 수 있다. 주의력 통제는 그야말로 커다란 황금알을 낳는 거위이며 인플루언서들의 전문 분야다. 이들은 팔로워들이 어디에 집중할지를 제어하고, 자신들에게 경제적인 이득을 안겨주는 제품과 제안으로 트래픽을 유도할 수 있다.

이쯤에서 한 가지 분명하게 할 게 있다. 나는 내가 하지 않는 일을 남에게 권하는 사람이 절대 아니다. 나 또한 주의력 통제자다. 정말이니 의심을 거둬라. 나는 내가 지지하는 멋진 기업들을 위해 항상 사람들의 주의력을 제어한다. 이 책도 예외가 아니며 이들 기업

일부로 연결되는 링크가 여기에 포함되어 있다. 이러한 서비스 각각은 내 통장을 불려주는 자동 소득원이다. 이것이 작동하는 방식은 직접적이다. 나는 이 책을 통해 주의력을 제어하고, 이러한 주의력을 이용해 현금흐름을 생성시킨다. 이 책에서 공유하는 제품이나 서비스 모두 내가 창조하지도 내가 소유하지도 않은 것들이다. 그저 나는 관심을 통제할 뿐이다. 그렇다면 당신이라고 나처럼 못할 이유가 무엇인가.

다단계 마케팅으로 통용되는 네트워크 마케팅도 통제자가 되는 좋은 방법이다. 네트워크 마케팅 회사 소유자가 아니어도 누구나 이들 회사 플랫폼을 활용해 자동 소득을 창출할 수 있다. 여기서는 네트워크를 통제하며, 수익 원천은 자신의 다운라인^{downline}*에 속한 사람들이다. 궁극적으로 볼 때 수입은 자신이 통제하는 사람의 숫자에 정비례한다.

● 구매자의 흐름을 통제하라

이제 내가 좋아하는 마지막 통제자 유형에 대해 알아보자. 이것은 사람들이 가장 간과하는 유형으로 바로 드롭시퍼^{drop shipper}다. 이는 판매자가 재고를 보유하지 않는 소매 주문 처리 방법으로, 판매자가 고객의 주문을 생산자에 전달해 생산자가 직접 고객에게 배송

---

* 다단계 판매에서 자신의 하위 라인, 하부 조직 등을 가리키는 용어

하도록 중개하는 사업 방식을 말한다.

이들이 사용하는 비즈니스 모델의 핵심은 가상 매장에 있다. 이들은 제품을 구매, 소유, 제조, 생산할 필요가 없다. 가상 매장을 통해 일반 소비자에게 제품을 판매하므로 심지어 제품을 배송할 필요도 없다. 특히 캐나다 1위 전자상거래 플랫폼 쇼피파이Shopify와 아마존 같은 거대 전자상거래 플랫폼에서 이 비즈니스 모델을 기반으로 활동하는 가상 매장 운영자가 많다. 드롭시퍼는 아무것도 만들거나 소유할 필요가 없다. 구매자 흐름을 통제해 자신의 매장으로 구매자들을 유도하면 끝이니 요즘 말로 완전 꿀이다.

혹시 온라인으로 쇼핑할 일이 있다면 유명 회사의 브랜드일지라도 자세히 살펴보라. 우리가 사랑하는 브랜드의 실체를 알게 될지도 모르니 말이다. 우리의 주문을 공장이나 도매상에게 전달하고 대신에 수수료를 받는 통제자일 수도 있다.

아마존이 어딘가 공장을 두고 자체 브랜드private brand, PB 제품 전부를 직접 생산할 거라 생각하는가? 행여나, 그럴 일은 절대 없다. 아마존은 아주 거대한 하나의 통제자일 뿐이다. 아마존이 자사 사이트에서 판매하는 제품을 소유하거나 창조할까? 역시나 절대 그렇지 않다. 아마존은 자사 사이트를 방문하는 수억의 트래픽을 제어할 뿐이다.

최근까지도 통제자형 패시브프러너에게 금단의 땅인 산업이 많았다. 쉬운 예로 에어비앤비를 통해 숙소 임대를 중개하는 시장은 얼마 전까지 존재하지도 않았다. 2008년 8월, 에어비앤비가 등장하고 나서야 임대 차익 거래 시장이 탄생했다. 이때까지는 장기적인 자산으로 단기적인 소득을 쉽게 창출하는 방법이 전무했다. 숙소 호스트를 대신해서 예약과 결제 등 모든 과정을 관리해주는 플랫폼이 출범한 것과 거의 동시에 이런 기회가 나타났다. 이제는 숙소 공유 사이트에 임대 숙소를 등록만 해도 자신만의 현금 파이프라인을 구축할 수 있다. 바야흐로 자산 통제자의 세상이 열린 것이다. 새로운 테크놀로지는 자산을 제어할 수 있는 새로운 기회를 매일 제공한다.

통제자로서 얻는 장점은 명백하다. 자산은 사람과 달리 마음이라는 것이 없다. 부동산은 에어비앤비로 소득을 창출하는 사람이 나인지, 주인인지 상관하지 않는다. 행여 내가 주인보다 더 많이 벌어도 부동산은 개의치 않는다. 또한 지금은 내가 부동산을 통제하기 때문에 돈을 얼마나 벌지도 내가 하기에 달려 있다.

자산 통제를 통한 수익 모델의 핵심은 아주 단순하다. 우리는 수익 자산을 소유하지 않아도 된다. 그저 이 자산을 제어할 필요가 있을 뿐이다. 타인 소유의 자산에서 나오는 소득 흐름을 윤리적인 방식으로 나눈다는 아이디어가 마음에 드는가? 그렇다면 통제자 유형이 당신이 패시브프러너로서 가야 할 길일지도 모른다. 잘하면 이것이 최단 시간에 자동 소득을 창출하는 최상의 지름길이 될 수도 있다.

자신에게 맞는 유형을 찾되
가능하다면 세 유형을 넘나들어라

패시브프러너의 세 가지 유형을 전부 살펴보았다. 소유자, 창조자, 통제자 중에서 자신에게 맞는 유형을 어떻게 확인할 수 있을까? 스스로에게 물어보라. 장시간에 걸쳐 무언가를 만들어 실제로 작동하도록 생명력을 부여하는 것을 좋아하는가? 이런 사람은 창조자가 맞을 수도 있다. 한편 협상도 잘하고 신뢰 관계를 구축하는 능력도 뛰어나다면 통제자가 제격이다. 수집이 취미이거나 경제적 여건이 뒷받침된다면 소유자가 안성맞춤이다. 처음에는 자신에게 맞는 유형으로 출발하더라도 계속해서 이 길을 고수해야 하는 것은 아니다.

내가 패시브프러너로서 걸어온 여정이 좋은 예다. 앞서도 말했듯 나는 내가 하지 않는 것을 다른 이들에게 권하지 않는다. 나는 맨 먼저 20대에 소유자(부동산)가 되었고, 다음에는 통제자(단기 임대), 그다음에는 창조자(디지털 마케터)가 되었다. 이후에도 내 변신은 계속되었다. 부동산 펀드 출범(통제자), 집필 활동(창조자), 상업용 부동산 파트너(소유자), 컨설팅 업체 창업(소유자) 등등. 이런 식으로 수십 개의 자동 소득원을 구축한 지금도 자동 소득원에 대한 갈증이 해소되기는커녕 자동 소득원을 찾기 위한 내 여정은 계속 진행 중이다.

말이 나온 김에 한 가지 부탁을 하고 싶다. 행여 내가 이 책에서 언급하지 않은 자동 소득원을 알고 있는 사람은 소셜미디어 채널로 메시지를 보내달라. 내 온라인 필명은 @bpagester다. 어떤 채널이어도 상관없다. 나는 항상 새로운 자동 소득원에 대해 배우길 원하며 또한 독자들과 공유하길 원한다.

패시브프러너의 세 가지 유형을 간단히 요약해보자. 소유자는 자산을 매수하고, 창조자는 자산을 만들고, 통제자는 타인의 자산을 지렛대로 활용한다. 이 셋 중 어떤 방식을 활용하든 당신은 패시브프러너가 될 수 있다. www.dontstartasidehustle.com/resources에서 오늘날 가용한 최고의 자동 소득원 아이디어들을 확인해보라. 도움이 될 것이다.

INVEST YOUR MONEY AND YOUR TIME

시간의 자유를 원한다면, 시간을 투자하라

시간 거래와
시간 투자의 차이

어릴 적부터 품어온 인생 계획은 대부분 비슷하다. 대학에 진학하고 졸업한 뒤에는 대학 공부를 발판삼아 안전하고 안정적이며 대우가 좋은 직장을 원한다. 그런데 잠깐 생각해보자. 우리는 취업을 하거나 커리어를 쌓음으로써 그에 상응하는 보상을 원한다. 무료 봉사가 아니다. 우리가 이렇게 하는 것은 보상을 받기 때문이다. 그렇다면 우리가 익히 배운 대로 보상을 받는 가장 논리적인 방법은 무엇일까? 안타깝지만, 이는 시간과 보상을 맞바꾸는 것이다.

이러한 거래에는 한 가지 함정이 있다. 우리의 소득은 언제나 한계가 있을 수밖에 없다. 소득과 맞교환할 수 있는 우리의 시간이 제한적이니 당연하다. 예컨대 내일 우리가 다음 달 근로 소득을 이번 달보다 열 배 혹은 백 배 증가시키기 위한 노력을 시작한다고 하자.

이런다고 근로 시간을 열 배 혹은 백 배로 늘릴 수는 없다.

이처럼 시간과 직결되는 소득은 확장성이 없다. 게다가 우리가 일을 그만두는 순간 소득도 멈춘다는 사실을 알아야 한다. 시간과 소득 간의 거래는 정비례 관계다. 내가 어릴 적부터 수없이 들은 성경 구절이 있다. "일하지 않는 자 먹지도 마라." 시간과 소득의 상관관계를 이 격언보다 더 정확히 담아낸 말이 있을까?

시간과 연결된 소득은 한계에 부딪히게 되어 있다. 시간에 기반하는 소득은 선형적으로 증가하고, 부를 급속도로 창출할 힘이 없다. 물론 여기에도 예외는 있다. 가령 미국 프로 농구 NBA가 매년 신입 선수를 선발하는 드래프트에서 1순위로 지목되는 선수는 계약금으로 1,200만 달러를 한방에 거머쥔다. 시장 가치 10억 달러의 기업은 고액 연봉의 CEO를 채용한다. 이런 행운을 원하지 않는 사람이 있을까? 하지만 이런 사람은 극히 소수다. 이 책을 선택했다는 사실로 유추하건대, 당신은 이런 행운의 주인공이 아니다.

시간과 돈을 맞바꾸는 것을 그만두고 '확장성 없는 일과 손절'하고 싶다면 어떻게 해야 할까? 어렵지 않다. 시간을 투자하라. 그렇지만 우리의 시간은 제한적이다. 따라서 선택과 집중이 필요하다. 자동 소득을 창출하는 활동이나 잠재적인 자동 소득원에 최대한 많은 시간을 투자하라.

당신은 분명 이렇게 말하고 싶을 터다. "무슨 말인지는 알겠어요. 하지만 브라이언, 무슨 수로요? 현실적으로 불가능해요. 직장에 매인 몸인걸요! 당장 먹고살 걱정은 안 하지만 시간이 없습니다. 지금도 없는 시간을 어떻게 투자할 수 있겠어요?" 이렇게 말하는 당신에게 냉정한 현실을 들려주려 한다. 자동 소득을 창출하는 활동에 충분한 시간을 투자할 때까지는 현재의 고정 수입원을 유지할 필요가 있다. 하루 여덟 시간 직장에서 일하고 여덟 시간 잠을 잔다고 해보자. 나머지 여덟 시간 중에서 가능한 한 많은 시간을 소득원을 구축하는 데에 할애해야 한다.

나는 말 따로 행동 따로 하는 사람이 아니다. 몇 해 전 나도 정확히 이런 상황이었다. 직장생활과 에어비앤비 비즈니스를 병행했을 때였다. 주중 낮에는 회사 업무를 보고(하루 12시간 일하는 것도 예사였다), 밤과 주말에는 자투리 시간까지도 자동 소득원에 모두 쏟았다. 나 자신에게는 조금의 여유도 허락하지 않았다. 사교 모임이나 데이트는 고사하고 편하게 TV 보는 것도 사치였다.

이런 생활이 쉬웠다면 거짓말이다. 하지만 나는 내 시간을 희생하고(시간과 교환하는 것이 아니라) 시간을 투자할 때 어떤 미래가 기다리는지 잘 알았다. 그것은 바로 회사를 뻥 걷어차버리는 것이다. 마침내 그날이 되었을 때 나는 매주 50시간 이상 일하던 시절과도 영원히 작별했고, 1주일에 다섯 시간만 일하는 패시브프러너가 되었다. 내가 투자했던 시간이 '어마어마한' 경제적인 보상으로 돌아왔다. 이뿐만 아니라 오늘날에는 내가 예전에 투자했던 시간까지 다시 돌려받았다. 그것도 이자가 왕창 붙어서!

WORK
AND ONCE
AND BE
PAID
MANY

일은 한 번 하고, 보상은 계속해서 받는다

수익 창출보다 중요한 건
반복 창출

시간과 돈을 맞바꾸는 함정 말고도 우리를 노리는 또 다른 덫이 있다. 한 번만 보상받는다는 함정이다. 가령 1주일의 가치가 있는 일을 한다면 나는 1주일에 대한 보상을 받는다. 1년을 일하면 이 기간에 상응하는 돈을 받는다. 대규모 프로젝트를 성공해도 일정 수수료를 받는 일을 완수해도 사정은 마찬가지다. 액수는 다를지라도 보상을 받는 횟수는 정해져 있다. 딱 한 번이다.

간단한 테스트를 해보면 자신이 한 번만 보상받는지 아닌지 아주 단박에 알 수 있다. 소득 창출 활동을 중단할 때 보상이 끊긴다면 이는 빼박이다. 연간 40만 달러를 버는 의사가 더 이상 진료를 하지 않는다면 어떻게 될까? 돈을 계속 받을 수 있을까? 내가 아는 한 이런 의사는 많지 않다.

보상이 한 번으로 끝나는 사람의 현실은 잔인하다. 이런 사람이 성공하고 부를 비약적으로 증가시킬 방법은 하나밖에 없다. 더 오래 일하는 것이다. 우리 대부분은 자신이 투입하는 시간의 수익률 return on time, ROT에 대해 무관심하다. 말이 나온 김에 생각해보자. 우리가 시간을 한 번 투입하고 이 시간에 대해 지속적으로 보상을 받는다면 ROT는 무한대다. 다시 말해 내 온라인 강좌로 매출이 발생할 때마다 내가 투자한 1분 1초에 대한 금전적인 보상이 계속 누적된다는 뜻이다. 내가 창조한 자산이 소득을 창출하는 동안에는, 내가 투자한 모든 시간에 대한 수익률이 끝없이 상승한다. 시간당 수익이 수만 달러라고 생각해보라. 한 번의 보상으로 끝난다면 이것은 불가능하다.

일회성 보상을 대체할 방법은 무엇일까? 물어볼 것도 없이 여러 번 보상받는 것이다. 자신에게 물어보라. 내가 소득 창출 활동을 중단해도 소득이 계속 발생할까? 소득이 끊기지 않는다면 다회성 보상이다.

이번에도 내 경우를 예로 들어보자. 3년 전 나는 시간과 에너지를 막대하게 투자해 생애 첫 소프트웨어 도구를 개발했다. 그런 다음 이 도구를 출시하고 모든 과정을 자동화했다. 이때부터 나는 금전적으로 수없이 보상받았고 몇 년이 지난 지금도 그 한 번의 노력으로 매일 보상받고 있다. 자신이 한 번만 보상받는지 아니면 여러 번 반복해서 보상을 받는지 명확히 이해할 필요가 있다. 어떻게든 돈을 더 많이 벌고 싶은 유혹은 우리를 끝없이 따라다닐 것이기 때문이다. 자신을 돌아보라. 자신에게 혹은 친구들에게 이런 말을 하지 않았는가?

"난 야근을 좀 해야겠어."

"난 월급 인상이 절실해."

"난 부업이 필요해."

"난 돈을 더 주는 곳으로 옮겨야 해!"

"돈을 더 벌려면 어떻게 해야 할까?"라는 질문에 대해서는 위의 모든 말이 논리적인 대답이다. 하지만 이런 접근법에는 문제가 하나 있다. 위의 모든 대답에는 아무런 문제가 없지만, 질문 자체가 잘못되었다. 질문의 질에 따라 답의 질도 달라지게 마련이다.

우리가 해야 할 올바른 질문은 어떤 것일까? "'반복적인 소득recurring money'을 창출하려면 어떻게 해야 할까?" 이것은 "돈을 더 벌려면 어떻게 해야 할까?"라는 질문보다 훨씬 강력하다. "한 번 작업한 일로 여러 번, 길게 소득을 발생시키려면 어떻게 해야 할까?"라고 물어라. 나의 한 시간이 백 달러나 천 달러, 아니 만 달러의 가치를 지니려면 어떻게 해야 할까? 나아가 내 시간의 가치를 계속 증가시키려면 어떻게 해야 할까? 바로 이것을 고민해야 한다.

ARE YOU TOO BUSY TO BE PRODUCTIVE?

바쁘기만 하고 생산성이 없는 것은 아닌가

성과 없는 분주함은
시간 낭비일 뿐이다

좋다, 이제 당신은 시간을 교환하기보다 시간을 투자하라는 아이디어를 완벽히 수용한다. 또한 투자한 시간에 대해 한 번이 아니라 여러 번 보상받을 방법을 찾으려 최선을 다한다. 하지만 시간 먹는 하마의 재물이 되지 않으려면 매일 자신에게 해야 할 질문이 하나 더 있다.

평일 일과가 끝났을 때 '오늘 내가 무엇을 이루었는지 모르겠어'라고 생각한 적이 있었는가? 그나마 성취한 것이 있다면 말이다. 당신은 종일 여러 일을 동시에 수행하고 할 일 목록의 일들을 처리하느라 종종걸음을 쳤을 것이다. 어쩌면 몇 주, 몇 달간 쳇바퀴처럼 이런 날이 반복되었을 수도 있다. 그런데 당신 목표에는 한 발짝도 가까워졌다는 기분이 들지 않는다. 당신은 일에 파묻힐 지경이지만 많은 보상을 받지 못한다. 도대체 이유가 무엇일까? 간단하다. 당신이 바쁘기 때문이다.

"뭐, 그렇죠. 당연히 바쁘죠. 그런데 브라이언, 바쁘지 않은 사람이 있나요?"

바쁜 것과 생산성은 엄연히 다르다. 아니, 바쁜 것은 오히려 생산성을 갉아먹는 주범이다. 둘은 어떻게 다를까? 생산적인 행동은 우리를 목표에 더 가까이 데려다준다. 바쁜 것은 '더 많은' 일을 끝내려 시간을 쓰는 것이고, 생산성은 '올바른' 일을 완수하는 것이다. 나는 궁극적으로 올바른 일만이 중요하다고 생각한다. 솔직히 그다지 바쁘지 않고도 생산적일 수 있다. 어떻게 하면 그럴 수 있는지 내가 그 방법을 알려줄 것이다.

| 정확하게 알고, 확실하게 인지하라

고도의 생산성을 달성하는 지름길은 엄격한 자아 성찰에 있다. 자신이 해야 하는 일들을 의식하는지, 의식하지 못하는지 명확히 이해하라. 여기서 말하는 의식은 두 가지 의미다. 우리가 해야 할 일을 정확히 인지한다는 것이며, 우리가 해야 할 일을 효과적으로 수행하고 있는지 매 순간 명확히 안다는 뜻이다.

우리 대부분이 하루를 보내는 방식은 비슷하다. 해야 할 활동을 시작하는 바로 그 순간 어떤 것이든 다음 할 일을 선택하고, 이런 식으로 하루가 흘러간다. 급히 처리해야 하는 일일 수도 있고 일상적으로 맡은 업무일 수도 있다. 혹은 어떤 이메일이 왔는지 궁금해서 또다시 이메일을 확인할 수도 있다. 요컨대 우리는 체계도 계획도 없이 그저 하나의 과제에서 다음 과제로 옮겨간다. 심지어는 이런 식의 활동에 스스로 도취될지도 모르겠다. 우리는 할 일 목록을 작성하고 이런 일들을 전부 완수할 수 있을 때, 자신이 대단히 중요한 사람이라는 기분과 성취감을 느끼며 자신에게 취한다. 그야말로 자뻑이다.

그런데 여기에 문제가 있다. 우리가 할 일 목록을 완벽히 끝내는 경우는 지극히 드물다. 처리해야 할 다음 일들이 끊임없이 생겨나 할 일 목록을 다시 채울 테니 말이다. 돈이 들어오는 족족 소비하고 한 푼도 투자하지 않는다면, 가난의 굴레를 영원히 벗지 못한다. 늘 분주하게 동동거리는 것도 이와 다르지 않다. 자칫하면 시간의 가난뱅이로 전락할지 모른다.

다행히 이 문제를 해결할 방법이 있다. 의식하는 것이다. 지금 당장 해야 하는 가장 중요한 일이 무엇인지 정확히 알고, 당신이 이 일을 하고 있는지 아닌지 확실하게 인지하라.

이것은 또 다른 궁금증으로 이어진다. 무엇이 중요한지 어떻게 결정할 수 있을까? 이 또한 자아 성찰이 필요하다. 중요한 과제들을 확인하는 가장 쉬운 방법은 이러한 일을 완수한 뒤 궁극적인 목표에 가까워지는지 스스로에게 묻는 것이다. 역설적이게도 더러는 우리가 가장 하고 싶지 않은 일들이 우리에게 가장 필요한 일들이다. 반대로, 우리가 가장 하고 싶은 일들 중에는 우리가 피해야 하거나 뒤로 미루어야 하는 일도 많다.

어차피 해야 할 일인데 하고 싶지 않을 때는 어떻게 해야 할까? 내가 아는 한 이런 태도를 극복하는 최고의 방법은 힘든 일부터 먼저 처리하는 습관을 들이는 것이다. 매도 먼저 맞는 게 낫지 않던가. 생각도 많이 해야 하고 에너지도 많이 필요한 복잡한 행동을 뒤로 미루었다가 나중에 하면 더 쉬워질까? 꿈 깨라. 절대 그렇지 않을 테니. 기억할지 모르겠지만 이러한 타임 블로킹에 대해서는 앞서 설명했다.

이 역시도 내 경험을 통해 알아보자. 내가 지금 이 책을 쓰면서 사용하는 전략을 소개하려 한다. 사무실에 도착해 일과를 시작할 때 나는 할 일 목록에는 눈길도 주지 않는다. 이메일, 보이스메일, 문자 메시지도 확인하지 않고 휴대폰은 아예 비행기 탑승 모드로 설정한다. 나는 사무실 바깥 손잡이에 '방해하지 마시오' 팻말을 걸어두고 누가 찾아와도 대꾸하지 않는다. 아침 9시부터 정오까지 무서울 정도로 집중한다. 딱 세 시간, 이게 전부다. 이처럼 완전한 집중력을 발휘한다면 놀라운 성취를 이룰 수 있다.

세 시간이 흐른 뒤 나는 한숨을 돌린다. 이때부터는 내가 다음에 무엇을 하고 싶든 중요하지 않다는 사실을 알기 때문이다. 나는 매일 내가 최상의 효과를 낼 수 있는 황금 시간대를 가장 중요한 일을 하는 데 쏟는다. 이것이 일상적인 습관으로 몸에 배었다. 이런 체계적인 엄격함 덕분에 오후가 되면 나를 쥔 고삐를 조금 풀어줄 수 있다. 약간 즉흥적인 태도로 바뀔 수도 있고, 변덕이 생기면 바쁠 수도 있다. 내 멘토 한 명은 한 술 더 떠서 이렇게 말했다.

"브라이언, 그날 가장 중요한 일을 끝냈다면 몇 시든 퇴근해도 좋아요."

이것이 예외적인 경우가 아니라 흔히 있는 일이라면 어떻게 될까? 당신이 가장 큰 목표들을 향해 순항 중임을 알기 때문에 일찍 퇴근한다. 당신은 정신없이 바쁘게 일해 진이 빠졌다고 생각하는 것이 아니라 록스타마냥 의기양양하다. 당신은 록스타의 기분을 만끽할 자격이 있다. 오늘 성공의 여정을 의식적으로 즐겼던 몰입 상태를 경험했으니 록스타가 맞다.

ROCKET SHIPS SURE BEAT WALING

우주선을 타는 것이 걷는 것보다 훨씬 빠르다

차원이 다른 부는
차원이 다른 수단을 필요로 한다

방송인, 사업가, 사교계 명사로 인터넷에서 가장 영향력 있는 사람 중 한 명인 카일리 제너^{Kylie Jenner}는 부의 창출에 있어서는 시대의 상징이라고 해도 과언이 아니다. 호불호가 갈리지만 어쨌든 제너는 자신의 이름을 따서 2015년에 출범한 뷰티 브랜드 카일리코스메틱스^{Kylie Cosmetics}의 성공으로 최연소 억만장자의 반열에 올랐다. 물론 사람에 따라서는 억만장자에 가까운 부자라고 생각할 수도 있다. 어쨌든 제너는 초단기간 천문학적인 부를 축적하는 방법에 관한 완벽한 사례다.

한 세기 전 철강 왕 앤드루 카네기^{Andrew Carnegie}는 억만장자가 되기까지 60년이 걸렸다. 1970년대 IT 기업가 로스 페로^{Ross Perot}는 20년 만에 억만장자가 되었다. '탐욕은 좋은 것'이라는 말로 대변되는

1980년대 마이크로소프트의 창업자 빌 게이츠는 이 기록을 10년으로 단축시켰다. 스냅챗의 CEO 에번 스피겔Evan Spiegel은 억만장자 클럽에 가입하기까지 채 4년도 걸리지 않았다. 이 책을 쓰는 현재 기준으로 3년도 안 되는 짧은 시간 안에 이 타이틀을 거머쥔 억만장자가 20명이나 된다. 3년 만에 억만장자가 되다니 시쳇말로 쩔지 않는가. 게다가 23시간마다 새로운 억만장자가 탄생하고 있다. 정말 놀랄 '노' 자다.

▍목적지에 다다를 가장 빠른 수단을 택하라

오늘날은 역사상 최단 시간에 엄청난 부를 축적할 수 있을 뿐 아니라 백만장자 집단에서도 이러한 추세가 가속화하고 있다. 고로 몇 달 만에 직장을 그만둘 수 있다거나 1년 안에 백만장자가 될 수 있다는 내 말이 공수표라고 생각하지 마라. 나는 이런 일이 진짜로 가능하다는 것을 사람들에게 꼭 알려주고 싶다.

관건은 적절한 현금 파이프라인을 선택해 가동하는 것이다. 이해를 돕기 위해 쉬운 비유를 들어 설명하려 한다. 시작하기에 앞서 당부하고 싶은 것이 있다. 지금부터 말하는 몇 시간을 몇 년으로 생각하라.

자, 시작해보자. 당신은 미국 동부의 뉴욕에서 서부의 로스앤젤레스로 가야 한다. 뉴욕 출발은 당신이 패시브프러너의 여정을 선택하는 디데이를 의미하고, LA 도착은 자동 소득 목표를 달성했다는 뜻이다.

동부 해안에서 서부 해안까지 대륙을 횡단하는 방법은 다양하다. 먼저 영화 속 주인공 포레스트 검프Forrest Gump처럼 달리기를 선택하는 방법이 있다. 5,898킬로미터에 이르는 엄청난 거리를 달린다니 무모한 아이디어다. 어쨌든 이 대장정의 세계 기록은 2016년 미국의 울트라마라톤* 선수 피트 코스텔닉Pete Kostelnick이 세운 42일하고도 여섯 시간, 즉 1,014시간이다. 이토록 놀라운 위업을 달성하려면 헤라클레스 같은 지구력과 끈기가 있어야만 한다.

미국 대륙을 걸어서 횡단하는 것은 어떨까? 시간이야 달리기보다 열 배 넘게 걸리겠지만 불가능하지는 않다. 육상 선수도 아니고 심지어 비만인 스티브 보트Steve Vaught**가 살을 빼기 위해 미국 대륙을 걸어서 횡단한 데서 보듯, 마음만 먹으면 거의 누구나 할 수 있다. 여담이지만 이후 보트는 1년여의 도보 여행 경험을 엮어 《걷는 뚱보Fat Man Walking》라는 책을 냈다.

따라서 의지가 있다면 누구라도 미국 대륙을 걸어서 횡단할 수 있을 터다. 하지만 대부분은 살아 있는 동안 목적지에 도착하지 못할 것이다. 도보나 달리기 시나리오에서 가장 큰 문제는 자신의 두 다리 말고는 지렛대로 삼을 만한 도구가 없다는 점이다. 걷든 달리

---

* 정규 마라톤 거리 42.195킬로미터를 크게 상회하는 초장거리 경주
** 2005년 샌디에이고를 출발해 뉴욕까지 도보로 횡단했다.

든 오직 자신의 두 다리로 미국 대륙을 횡단한다면 하나부터 열까지 자신의 신체, 의지력, 노력에만 전적으로 의존해야 한다.

이런 식의 이동 방법을 최저 임금 노동이라고 생각하자. 최저 임금 근로자가 열과 성을 다해 일하고 커다란 목표를 꿈꿀 수도 있다. 그렇지만 자신의 목표를 영원히 달성하지 못할 가능성이 크다. 이유는 단순하다. 그들이 선택한 수단 때문이다.

> 아무리 고급 자동차를 탄다 해도
> 당신이 직접 운전해야 한다면
> 그 여행길은 결코 편안하지 않다.
> 오랜 시간을 투자해야 할 뿐만 아니라
> 운전이라는 노동을 오롯이 당신이 감수해야 하므로!"

— 필자

그렇다면 더 나은 수단은 무엇일까? 약간의 지렛대 효과를 생성하는 수단이다. 미국 대륙을 자전거로 횡단한 세계 기록은 2014년 오스트리아의 사이클 선수 크리스토프 슈트라서Christoph Strasser가 세운 7일 22시간이다. 슈트라서는 놀랍게도 190시간만에 미국 대륙을 관통했고, 달리기로 횡단한 시간을 5분의 1로 줄였다. 이것이 가능할 수 있었던 이유는 딱 하나다. 자전거라는 장비와 근육을 움직이는 인간의 노력이 합쳐진 결과였다.

어떤 것이든 도구를 활용해서 목적지를 향해 더 빨리 나아간다면, 자신이 올바른 경로로 전진한다고 생각하기 십상이다. 이런 사람들은 '뚜벅이'를 쌩하니 추월하면서 생각한다. '야호, 저 사람처럼 걸어가지 않아도 되니 얼마나 다행이야!' 이들이 좋아 보일 수도 있다. 이들은 자기 안에 숨어 있는 사이클 황제 랜스 암스트롱Lance Armstrong을 소환하고 있는지도 모를 일이다.

이들은 머리부터 발끝까지 기능성 스판덱스 운동복을 휘감고 고강도 탄소 섬유로 제작한 경량 자전거를 비롯해 온갖 최신 장비로 무장하고 있다. 대륙 반대편의 목적지에 도착할 가능성이 매우 높다고 생각하지만, 안타깝게도 이번 여정을 성공적으로 끝내는 사람은 소수일 것이다. 미국인 네 명 중 세 명은, 저축은 고사하고 평균 6만 2,000달러의 빚을 남기고 죽는다. 이들 '자전거족'을 괜찮은 직장에서 일하는 노동자 계층이라고 생각하자.

좋다, 당신은 자전거 여행자보다 더 똑똑하다. 당신은 안락한 고급 승용차를 타고 40시간이 걸리는 미국 횡단 여정을 시작한다. 나는 이것을 40년 계획이라고 부른다. 거의 모두가 이 방법을 선택하고 이들이 무슨 생각을 할지 뻔하다. '앞으로 30~40년 동안 직장생활에 충실하고 매달 얼마씩 저축한다면 언젠가 은퇴할 수 있을 거야.' 말하자면 자동차는 저축가saver의 수단이다.

고연봉에 남부럽지 않은 좋은 직장이 보장된 그들은 자신이 올바른 수단을 가졌다고 확신했다. 사실 남들의 눈에도 그들은 선망의 대상이었다. 대부분이 그들의 자동차를 부러운 눈길로 쳐다보았고 그들의 자동차가 지나갈 때 엄지를 들어 올렸다. 그들은 소위 가방끈이 긴 사람들로, 좋은 학위까지 취득해 이러한 고급 자동차의 주인이 될 수 있었다. 그들은 자동차에 집착할뿐더러 입만 열면 자동차 이야기를 하고, 자신의 자동차와 다른 사람들의 자동차를 비교한다.

그러나 여기엔 그들이 모르는 중요한 사실이 있다. 자동차가 빠를지언정 이것 역시 오직 자신에게 완벽히 의존한다는 사실이다. 가령 그들이 운전하지 않으면 자동차는 꼼짝하지 않는다. 행여 운전 중에 사고가 나거나 졸음 운전을 하면 여행 자체가 완전히 중단된다. 이런 유형의 사람은 대개가 고등 교육을 받은 중산층이다.

▎비행기 여행자를 패시브프러너에 비유한다면

이쯤 되니 혹시 이런 생각이 들지 않는가? '그래, 해결책은 명백해. 비행기를 타자.' 물론 훌륭한 선택지다. 그렇다면 수백만 명의 사람들이 어째서 이렇게 좋은 수단을 마다하고 매일 자동차 여행을 선택할까? 뻥 뚫린 도로를 달리는 자유를 만끽하고 싶다거나 순수한 관광을 원하는 경우를 제외하고, 사람들이 비행기 여행을 선택하지 않는 까닭은 무엇일까? 여기에는 많은 이유가 있다.

비행기 여행이 두려운 사람도 있을 테고, 어떤 사람은 비용이 문제가 될 수도 있다. 하다못해 주변에 비행기를 이용하는 사람이 없다는 단순한 이유 때문일지도 모르겠다. 이 시나리오에서는 비행기 여행자를 패시브프러너에 비유할 수 있다. 미국 대륙을 횡단할 수 있는 다른 모든 수단과 비행기 여행의 차이는 두 가지다. 첫째는 비행기를 비롯해 여러 도구를 활용한다는 점이고, 다른 사람들의 노력을 지렛대로 사용한다는 것이 두 번째 차이점이다.

자동차로 이동할 때는 운전자 한 사람만 있으면 된다. 반면 비행기 여행은 당신이 목적지에 훨씬 빨리 도착하도록 도와주는 항공사의 막대한 자원을 활용한다. 승무원, 수화물 담당자, 정비사, 항공교통 관제사, 조종사는 물론이고, 이름 모를 무수한 사람이 당신의 여행을 가능하게 해준다.

하지만 비행기를 이용할 때 누릴 수 있는 최고의 장점은 따로 있다. 당신은 비행하는 내내 편안하게 앉아서 생산적인 여타 활동에 시간을 투자할 수 있다. 다시 말해 당신은 목적지를 향해 지속적으로 진전을 이루는 동시에, 무엇이든 당신이 선택하는 활동에 당신의 시간을 온전히 사용할 수 있다. 솔직히 이번 여행을 하는 동안 미래의 여행 계획들을 세워도 좋다. 비행기 여행은 패시브프러너가 되는 것과 다르지 않다. 비행기는 최대 다섯 시간이면 당신을 목적지까지 데려다줄 수 있는 강력한 수단이다. 가령 40시간이 소요되는 자동차보다 대략 열 배 일찍 목적지에 도착할 수 있다. 이런데도 정말 비행을 원하지 않는다는 건가?

이 시나리오에서 이 지점이 되면 거의 공통된 반응이 나온다. "나야말로 제트족이지!" 일등석이 좋지만 일반석이면 어떤가. 당신은 좌석에 편히 앉아 커피를 홀짝인다. 당신은 약 9킬로미터 상공에서 고속도로 위를 개미들처럼 엉금엉금 기어가는 불쌍한 영혼들을 내려다본다. 당신은 시간당 960킬로미터로 날아가고 있는 자신이 대견하고 자랑스럽다. 이보다 더 좋은 것이 있을까? 당신은 생각한다. '그래, 어쩌면 개인 전용기를 탈 수도 있겠지. 하지만 이것도 충분히 좋아. 나는 최대한 가장 빠르게 가는 거야.' 그런데 정말 그럴까?

▮ 언제나 더 빠른 수단이 있다는 걸 명심하라

블랙버드Blackbird라는 별명을 가진 에스알 71SR 71은 세상에서 가장 빠른 유인 항공기 기록을 보유하고 있다. 미국의 방산 업체 록히드마틴Rockheed Martin의 스컹크 웍스Skunk Works에서 개발한 2인승 전략 정찰기로 속도는 마하 3 이상으로 음속보다 세 배 빨랐다. 총 32대가 생산되어 1964년부터 1989년까지 운용되다가 현재는 모두 퇴역했다. 어쨌든 블랙버드는 64분 만에 미국 대륙을 횡단했다. 블랙버드의 속도는 가히 압도적이었다. 블랙버드의 앞부분 노즈콘nose cone이 밀어내는 공기조차 미처 길을 터줄 시간이 없어 블랙버드는 공기와 그대로 부딪혔다. 문제는 외기와의 마찰로 기체 표면 온도가 엄청나게 상승한다는 점이었다. 이 문제를 해결하고자 기술자들은 설계 단계에서 금속 기체의 이음새에 일부러 틈을 만들었다. 블랙 버드가 속도를 올릴 때 이러한 틈이 엄청난 열을 받아 팽창함으로써 비행기가 자연스럽게 밀봉되는 구조였다. 이처럼 독특한 디자인 때문에 블랙버드는 활주로에서 이륙을 기다리며 대기하는 동안 연료가 누출되었다. 정말 괴물이지 않은가? 하지만 언제나 더 빠른 '놈'이 있다.

초음속 비행이 인간 이동 속도의 상한선일까? 앞일은 장담 못 하지만 더 빠른 수단이 등장할 가능성이 높다. 바야흐로 현재 인류는 상업용 준궤도 비행suborbital flight 시대의 문턱에 서 있다. 준궤도 비행이란 무엇일까? 지구 대기와 우주 공간의 경계인 고도 100킬로미터까지 올라가 지구 대기권을 잠시 벗어난 뒤 포물선 궤적을 그리며 대기로 재진입하는 탄도 비행을 말한다. 비행기가 미국 대륙의 대서양 연안에서 태평양 연안까지 단 몇 분 만에 주파할 수 있는 속도를 상상해보라. 기내 서비스 음료를 마실 시간도 없이 LA에 착륙할 것이다.

준궤도 비행이 얼마나 빠른지 이해하기 위해 단적으로 비교해보자. 지구 어디서 출발하든 준궤도 비행은 초음속의 블랙버드가 미국 대륙을 횡단하는 시간보다 더 빨리 지구 정반대편(1만 2,000마일, 1만 9,200킬로미터)에 도착할 수 있다. 기내 화장실도 기내 엔터테인먼트도 기내식도 필요 없다. 공항 입구에서 출발 게이트까지 걸어가는 시간보다 준궤도 비행으로 미국 대륙을 횡단하는 시간이 더 짧을 것이다. 허걱!

어떻게 이런 속도가 가능할까? 전통적인 항공기는 물리학의 제약을 받는다. 비행할 때 항력thrust*으로 작용하는 전면 공기를 밀어내는 동시에 지구가 끊임없이 끌어당기는 중력gravity을 극복하기 위해 양력lift**을 생성시킬 필요가 있어서다. 항력과 중력 때문에 비행기가 특정 속도보다 더 빨리 비행하는 것이 수학적으로는 불가능하다. 하지만 지구 대기권을 벗어나 우주 공간에 들어가면 게임 전체가 달라진다. 이때는 지구 주변을 돌 때 대기가 아니라 진공 상태의 우주 공간에서 비행한다.

무슨 생각을 할지 짐작된다. SF 소설이나 영화에 나올 법한 이야기라고 할 터다. 하지만 제프 베이조스의 블루오리진Blue Origin과 일론 머스크의 스페이스엑스SpaceX 같은 민간 우주 기업들은 물론이고 영국의 버진그룹Virgin Group 회장 리처드 브랜슨Richard Branson의 우주 탐사 업체 버진갤럭틱Virgin Galactic까지, 모두가 준궤도 비행을 주류로 만들기 위해 팔을 걷어붙였다. 준궤도 비행이 상용화되는 것은 시간 문제일 뿐이다. 그날이 되면, 여행 부문은 1950년대 일반 대중의 상업용 비행 시대가 열렸을 때에 버금가는 변화의 광풍이 휘몰아칠 것이다. 그렇다면 이토록 엄청난 속도를 자랑하는 이동 수단의 수

---

* 항공기가 전진하는 데 방해가 되는 힘
** 항공기가 뜰 수 있게 하는 힘으로, 중력과 반대되는 힘

혜자는 누구일까? 당연히 높은 운임을 감당할 수 있는 부자들이다. 그들이 블랙홀처럼 돈을 빨아들일 것이다.

| 부의 규모는 증가하고, 부의 축적 시간은 단축된다

내가 이 시나리오를 구구절절 설명하는 이유가 궁금할 것이다. 이유는 단순하다. 언제나 더 빠른 수단이 있다는 이야기를 하고 싶어서다. 수단은 늘 변하고 매 순간 구식이 되어간다. 암호화폐 시장이 좋은 예다. 암호화폐는 10년도 채 안 된 신기술이지만 우리는 이 시장에서 막대한 부를 쌓을 수 있다.

패시브프러너의 여정에서 특정한 지점에 이르면, 당신은 갈수록 더 빠른 수단들을 알아봐야 할 것이다. 관건은 계속해서 눈을 크게 뜨고 더 빠른 수단이 존재한다는 믿음의 끈을 놓지 않아야 한다는 것이다. 이렇게 하면 당신은 더 빠른 수단을 활용할, 더 많은 기회를 포착할 수 있다. 여기서 꼭 기억해야 할 것이 있다. 당신이 이번 여정에서 선택하는 수단이 당신보다 그리고 당신의 노력보다 더 중요하다는 사실이다.

나는 미래에 대해 한 가지를 확신한다. 우리가 창출할 수 있는 부의 규모는 갈수록 증가할 것이며, 이러한 부를 축적하는 시간은 단축될 것이다. 나는 인류 역사 최초의 조兆만장자trillionaire가 등장할

날도 머지 않았다고 예상한다. 오늘날 전 세계 백만장자는 4,600만 명으로* 발에 채일 지경이다. 하물며 지금 이 순간도 부를 그러모으는 사람이 놀랄 정도로 많다. 이것은 내일 또 새로운 백만장자들이 탄생할 거라는 명백한 증거다. 부를 창출하는 속도와 속력을 제약하는 것은 오직 우리가 선택하는 수단뿐이다.

대륙 횡단 시나리오를 마무리하면서 마지막으로 당부하고 싶은 것이 있다. 당신의 목표 달성 시간표에 당신의 수단이 유지할 수 있는 속도를 하나의 변수로 포함시켜라. 당신이 선택한 수단의 속도가 당신의 시간표에 맞지 않는다면, 더 나은 수단을 선택할 여지를 열어 둬라. 자동차로 대륙을 횡단하면서 가속 페달을 힘껏 밟으면 도착 시간을 10분의 1로 단축할 수 있을 거라고 기대하지 마라. 747기 조종사를 구워삶아 엔진 출력을 최고로 높이면 비행 시간을 절반으로 줄일 수 있다고 생각하지 마라. 아예 차원이 다른 부와 또 다른 가능성이 늘 있다는 사실을 잊지 마라. 그리고 그것을 쟁취하려면 차원이 다른 수단을 활용해야 한다.

차원이 다른 부를 원하는가?
그렇다면 차원이 다른 수단을 활용해야 한다."

— **필자**

---

* 한 글로벌 투자은행에 따르면, 2022년 말 기준 전 세계 백만장자는 약 5,940만 명이라고 한다.

당신의 최종 목적은 월 소득 1만 달러일 수도 있고, 하루에 10만 달러 이상을 버는 것일 수도 있다. 어쩌면 다음 억만장자의 주인공이 되고 싶을 수도 있다. 당신의 목적지가 어디든 당신이 최우선으로 고려해야 할 가장 중요한 변수는 당신이 선택하는 수단이다. 우리 모두의 목표는 살아생전 부를 가능한 한 오래 누릴 수 있도록 최대한 빨리 목적지에 도착하는 것이다.

DIGITAL IS THE NEW ANALOG

디지털은 새로운 아날로그다

디지털 세상에는
자동 소득원이 널려 있다

부를 창출할 수 있는 기회는 아날로그(오프라인)와 디지털 (온라인) 영역 모두에서 무궁무진하다. 먼저 아날로그 세상을 보자. 우리는 제품을 발명할 수도 있고, 책을 출간할 수도 있다. 또한 세차 장, 셀프 세탁방, 광고판 같은 물리적인 무언가를 소유해도 좋다. 심 지어 "전립선 검사가 필요하세요? 저희에게 전화하세요!" 같은 문구 가 담긴 소변기 부착형 광고를 판매하는 것도 가능하다.

아날로그 부문에 널려 있는 많은 기회는 우리의 부모님 세대가 직접 추구하거나 자식인 우리에게 권유했을 법한 유형이다. 이런 기 회는 포착하기 쉽고 대개는 전통적인 비즈니스 세상에 존재한다. 촉 각과 시각과 후각으로 감지할 수 있고 손으로 잡을 수 있는 것이라 면, 이것은 아날로그다. 오프라인 매장과 물리적인 제품 모두는 당

연하고 영화 관람, 비행기 여행, 외식, 마사지, 머리 손질 등등 우리
가 직접 경험하는 서비스도 아날로그다.

▎디지털이 답이다, 1과 0의 세상에 널린 기회를 잡아라

예로부터 사람들은 물리적인 세상에서 아날로그 자산을 통해 부
를 축적했다. 하지만 이제는 세상이 달라졌다. 차세대 유망한 기회
들, 그것도 가장 큰 기회들은 디지털 영역에 존재한다. 디지털 세상
에서는 부가 기하급수적으로 창출된다. 나는 오늘날 최고의 기회
중 일부가 디지털 영역에 존재한다고 믿는다.

디지털 영역에서는 부를 창출할 수 있는 선택지가 말 그대로 무
한하다. 물리적인 성질을 갖지 않으면 무엇이든 디지털에 포함된다.
일단은 화면(노트북, 휴대전화, 태블릿)으로 할 수 있는 모든 것이 디지
털이다. 구글, 아마존, 메타처럼 실리콘밸리에 둥지를 틀고 있는 글
로벌 IT 기업들을 생각해보라. 이들 기업의 활동을 가장 단순하게
말하면, 디지털 기기의 화면에 1과 0으로만 조합한 무언가를 보여
줌으로써 수익을 창출하는 것이다. 물론 아마존처럼 물리적인 제품
을 판매할 수도 있다. 하지만 디지털 기기의 화면을 빼면 이들 기업
에게 무슨 비즈니스 모델이 있겠는가.

가령 휴대전화를 비행기 탑승 모드로 바꾸면 페이스북이 무슨

소용이고 인터넷이 연결되지 않으면 구글로 무엇을 할 수 있을까. 그런데 맥도날드는 다르다. 모바일 앱이 없어도 인터넷에 접속할 수 없어도 햄버거를 주문하는 데는 문제가 없다. 매장에 가서 직접 주문하고 배를 채우면 그만이다.

그러나 이 또한 디지털화되는 중이다. 당연한 말이지만 이런 비즈니스 모델조차 그럽허브^{Grubhub}나 우버이츠^{Uber Eats} 같은 배달앱의 등장으로 지금 이 순간에도 급격히 변하고 있다.

│ 시가 총액 상위 7대 기업 중 아날로그 기업이 있는가

기존의 비즈니스 모델 중에서 디지털화가 가능한 모든 것이 이 방향으로 나아가고 있거나 이미 변했다. 오늘날 금융 산업 전체가 디지털화되었다는 것이 대표적인 사례다. 여기에는 주식과 유가증권은 당연하고 암호화폐와 디지털 자산처럼 비교적 최근에 등장해 더욱 매력적인 기회를 제공하는 혁신 기술까지 포함된다.

내 말을 못 믿겠는가? 시가 총액이 1조 달러가 넘는 기업들을 살펴보라. 이들 중에서 아날로그 부문에 포함되는 기업이 몇 곳이나 될까? 사우디아라비아의 국영 석유·천연가스 회사 사우디아람코^{Saudi Aramco}가 유일하다. 게다가 이 산업마저 현재 어디를 향해 가고 있는지 우리 모두 잘 알고 있다.

순위	사명	업종	시가 총액 (미국 달러)
1	애플	테크놀로지	2조 8,000억
2	마이크로소프트	테크놀로지	2조 3,000억
3	사우디아람코	에너지	1조 9,000억
4	알파벳	테크놀로지	1조 8,000억
5	아마존	전자상거래/테크놀로지	1조 6,000억
6	테슬라	소비재	1조
7	메타	테크놀로지	1조

출처: 컴퍼니스마켓캡닷컴CompaniesMarketCap.com(글로벌 자산 및 시가 총액 분석 사이트)

위의 시가 총액 상위 7대 기업들과 반세기 전 1972년에 가장 가치 있었던 7대 기업들을 비교해보자. 당시는 제너럴모터스, 석유 기업 엑손, 포드, 종합 가전 회사 제너럴일렉트릭, IBM, 석유 회사 모빌, 크라이슬러 등이 시총 기준 세계 7대 기업이었다. 보다시피 상위 7대 기업은 전면 물갈이가 되었다. 이것이 가리키는 사실은 명백하다. 디지털 부문에서 기하급수적인 부가 창출되고 있다는 점이다. 이는 비단 세상에서 가장 몸값이 비싼 기업들에만 국한되는 이야기가 아니다.

디지털 세상이 제공하는 기회의 최대 장점은 거의 모든 사람에게 기회의 문이 공평하게 열려 있다는 점이다. 오늘날 인터넷에 접속할 수 있는 세계 인구는 46억 6,000만 명에 이른다. 이는 무슨 뜻일까?

결국에는 이들 모두가 디지털 세상의 기회를 붙잡을 수 있다는 의미다. 낯선 도시로 이사하지 않아도 된다. 편안한 소파에서 일어날 필요조차 없을지 모르겠다. 온라인으로 돈을 벌 수 있는 암호를 푼다면 물리적인 장소는 우리의 족쇄가 되지 않는다. 원하는 어디든 갈 수 있고 진정한 '노트북족'의 라이프스타일을 즐길 수 있다.

ROWNERS,
CREATORS,
CONTROLLERS

소유자가 될 것인가
창조자가 될 것인가
통제자가 될 것인가

현금 우물을 넘치게 할
다양한 자동 소득원

모든 유형의 자동 소득원을 아우르는 목록을 작성하자면 이 책에 할애된 지면으로는 어림도 없다. 이는 아주 좋은 일이다. 어디를 파야 하는지 안다면 현금 우물이 부족할 일은 절대 없을 거라는 뜻이지 않은가. 지금부터 가장 대표적인 몇몇 자동 소득원 유형을 간추려보자. 이 목록에서 앞으로 한 달 안에 당신이 착수할 수 있는 수단 하나를 선택해보라.

스폰서십과 보증 광고

우리가 많은 청중을 보유한 '인싸'가 되면 스폰서십의 기회가 찾아온다. 가령 이메일 구독자나 소셜미디어 팔로워 수가 특정 규모에 이르면 광고주는 자신의 제품을 홍보하는 대가로 우리에게 경제적인 보상을 제안할 수도 있다. 우리는 광고비를 받고 이메일이나 소셜미디어에 해당 제품이나 서비스를 추천하면 된다.

나는 인스타그램 팔로워가 100만 명이 넘는다. 덕분에 거의 매주 특정 제품이나 서비스를 유료로 추천해달라는 제안이 들어온다. 여기서 내 역할은 해당 제품을 언급하는 동영상 또는 오디오 콘텐츠를 제작하는 것이 전부다. 더 이상의 에너지를 쏟지 않아도 된다. 이 것은 한 번의 작업으로 여러 번에 걸쳐 수입을 창출하는 소득원에 관한 완벽한 사례다.

스폰서십과 관련해서는 한 가지만 주의하면 된다. 먼저 우리 자신이 어떤 사람인지를 명확히 알아야 한다. 즉 우리의 정체성과 관련 있는 기업들만 홍보해야 한다. 가령 당신이 피트니스 부문 종사자들을 돕는다고 알려져 있는데 생뚱맞게 패스트푸드 브랜드 버거킹을 광고한다면 어떨까? 이는 당신의 청중과 맞지 않는 광고일지 모른다.

같은 맥락에서 만약 사람들을 이용해 이득을 취하는 등 평판이 매우 나쁜 소위 악덕 기업을 추천한다면 어떨까? 당신의 브랜드와 평판에도 악영향을 미칠 가능성이 크다. 하지만 당신과 가치관이 일치하고 당신의 청중과 관련 있는 광고라면 매우 유익한 자동 소득원이 될 수 있다.

탬플릿, 스프레드시트, 체크리스트

당신이나 나 같은 보통 사람이 구글의 무료 스프레드시트 앱을 통해 간단한 도구들을 만들어 온라인으로 소비자들에게 판매할 수 있을까? '딩동댕.' 놀랍게도 그럴 수 있다. 여기서 핵심은 구매자가 더 신속하게 혹은 더 쉽게 자신이 바라는 결과를 얻을 수 있는 설루션을 제공하는 것이다. 좋은 사례가 있다. 최근 나는 내가 운영하는 회사 중 한 곳의 수익성을 계산하는 데 도움이 필요해서 스프레드시트 하나를 구입했다. 이 도구는 우리 회사가 보유한 각각의 제품을 고객에게 전달하기까지 우리가 부담해야 하는 비용을 계산해준다. 또한 이 비용을 고객 한 명을 획득하기 위해 필요한 고객 획득 비용customer acquisition cost, CAC과 비교해준다. 나는 이 도구에 관한 긍정적인 피드백을 확인했고 그래서 49달러를 흔쾌히 지불했다.

이제부터는 내돈내산 찐후기다. 솔직히 이 도구는 구글 시트와 다른 점이 하나도 없었다. 하지만 조금도 문제가 되지 않았다. 나한테는 이 스프레드시트가 49달러의 값어치를 하고도 남았으니까. 이 도구를 통해 나는 많은 시간을 절약했고, 생전 처음으로 내 재정 상태를 이해하는 통찰을 얻었다. 이 스프레드시트의 개발자가 숫자 분석에 관한 한 나보다 한 수, 아니 두 수 위였다는 점을 인정한다. 어쨌건 이 개발자는 이 스프레드시트 하나로 47만 2,000달러 이상을 벌었다. 정말 대박 아닌가?

│ 디지털 인터랙티브 도구와 계산기

내가 판매하는 제품 중 비앤비 거래 분석기^{BNB Deal Analyzer}라는 도구가 있다. 명칭은 분석기지만 사실은 일반 계산기와 크게 다르지 않다. 이는 에어비앤비 숙소 호스트가 모든 비용을 제한 후의 실질 소득을 계산할 수 있는 도구다. 그깟 실질 소득을 계산하는 데 무슨 분석기까지 필요하냐고 물을지도 모르겠다.

그런데 이게 생각보다 복잡하다. 나는 에어비앤비 비즈니스를 처음 시작했을 때 각 숙소의 예상 소득을 계산하는 방법을 알아내느라 무척 고생했다. 고려해야 할 변수가 꽤나 많았기 때문이다. 예를 들어 나는 매일 밤 숙소 가격을 다르게 책정했다. 또한 숙소 청소 업체에도 용역비를 지급하고 에어비앤비에도 수수료를 납부해야 했다. 이뿐만 아니라 숙소 임대료와 각종 공과금을 지불하고 내 숙소 일체를 관리하는 가상 비서^{virtual assistant, VA}에게도 임금을 지급해야 했다. 변수가 상당히 많으므로 변수 하나를 정확히 계산하지 않으면 모든 게 도루묵이 된다. 처음부터 다시 시작해야 할 수도 있다. 무엇보다 화요일 숙박비 같은 변수 하나를 내 임의대로 변경할 수 없다. 이것이 당월 총소득에 어떤 영향을 미칠지 즉각적으로 확인할 수 없기 때문이다.

이런 이유로 나는 읽기 쉬운 대시보드를 직접 개발하기로 마음 먹었다. 특히 사용하기 편한 다이얼 몇 개를 반드시 포함시킬 생각이었다. 소프트웨어 엔지니어를 고용해 내가 원하는 것을 설명했다. 첫째는 각 숙소의 일별, 월별, 연간 수익성을 알고 싶었다. 또한 내가 선택하는 맞춤 비용을 추가할 수 있는 기능을 원한다고 말했다. 몇 달 후 이 도구가 완성되었고 비용은 약 1,200달러가 들어갔다.

일단 대시보드가 완성되자 그간의 시간과 돈은 충분히 보상받았다. 이는 세상에 하나뿐인 도구였다. 나는 곧바로 에어비앤비 세상에서 이것을 상품화해 판매하기 시작했다. 오늘날까지도 이 도구는 자동 소득을 창출하고 있다. 총 누적 매출액은 수십만 달러가 넘으며 수천 명의 사람이 사용한다. 한데 이러한 사실보다 더 중요한 게 있다. 그것이 무엇인지 아는가? 2년 전 대시보드가 완성된 날부터 이 자동 소득원이 완전히 독립적으로 작동했다는 점이다. 다시 말해 자동 소득원을 관리하기 위해 나는 단 1분도 쓸 필요가 없었다.

시중에는 주식 거래, 상업용 부동산 분석, 주택으로 단기 매매 차익을 추구하는 하우스 플리핑, 식단 관리 등에 관한 계산기가 출시되어 있다. 이러한 캐시카우cash cow 하나를 창조할 수 있는 가능성은 무궁무진하다.

▌ 확장성 있는 서비스

물리적 제품 혹은 디지털 제품을 제외하고 소비자에게 전달될 수 있는 것으로서 일대일 서비스만 아니면 무엇이든 가능하다.

회계사를 예로 들어보자. 회계사는 자신의 서비스를 판매하고, 자신의 서비스에 대한 시간당 임률에 따른 보수를 고객에게 청구한다. 회계사의 확장 가능성은 어떨까? 동업하든 채용하든 다른 회계사들과 협업하는 것까지가 확장성의 한계일지도 모르겠다. 어느 순간이 되면 한계에 부딪힐 수밖에 없다. 이유는 명확하다. 서비스를 일대일로 판매하기 때문이다.

이것과 대척점을 이루는 비즈니스는 확장 가능한 서비스를 판매하는 것이다. 내 친구 중 한 명은 가상 비서 회사를 운영한다. 쉽게 말해 정규직을 채용하고 싶지 않은 기업가들에게 도움을 주는 것이 내 친구의 일이다. 이 기업가들은 가상 근로자가 서비스를 제공하는 실제 시간에 대해서만 용역비를 지불하고, 가상 비서는 계약 기간 동안 기업이 요구하는 서비스를 제공한다.

내 친구는 전 세계에서 가상 비서를 무한대로 모집해 이들 각자의 노동력에 가격을 매겨 최종 사용자에게 판매한다. 또한 가상 비서 모두를 관리하는 담당자를 별도로 고용했기에 내 친구는 사업을 확장할 수 있을 뿐만 아니라 회사 운영에 직접적으로 관여할 필요가 없다. 바로 이것이 핵심이다. 확장성이 있으면서도 당신이 직접 관리할 필요가 없는 서비스를 찾아라. 그런 다음 이 자동 소득원을 당신의 현금 파이프라인으로 만들어라.

온라인 강좌

내게는 온라인 강좌가 집안을 일으킨 효자처럼 각별하다. 온라인 강좌는 오늘날까지도 내게 가장 일관된 소득을 창출해주는 자동 소득원에 포함된다. 올바르게만 구축한다면 디지털 강좌는 인간의 개입이 필요 없도록 완벽히 자동화할 수 있다. 온라인 강좌의 목적은 정보 판매다. 나는 온라인 강좌야말로 우리가 판매할 수 있는 최고의 제품이라고 확신한다. 온라인 강좌는 여러 강점이 있다. 물리적인 재고도 없고 포장도 필요하지 않으며, 어디로든 배송할 필요가 없다. 또한 고객은 구매와 거의 동시에 제품을 수령할 뿐만 아니라 판매 과정을 완벽히 자동화할 수 있는 이점도 있다.

그렇다면 무엇에 관한 온라인 강좌를 만들어야 할까? 강좌 주제를 결정할 때 요긴한 두 가지 방법이 있다. 첫째, 내가 부동산 강좌를 개설한 것처럼 자신이 아는 것을 가르치고 자신의 전문 지식을 공유하는 방법이다. 혹은 스스로가 특정 주제에 관한 전문가가 되기 위해 노력하고 이 과정에서 배운 것을 가르쳐도 된다.

어떤 경로를 선택하든 가장 중요하게 고려해야 할 것이 있다. 아직 확실한 전문가 수준에 오르지 못했다면 어떻게 해야 할까? 자신이 가르치려는 설루션이 반드시 구체적인 결과를 도출하도록 해야 한다. 방법은? 자신이 직접 시도해보는 수밖에 없다. 사람들에게 실질적인 도움을 주는 설루션을 판매하고 싶다면 책상머리 이론만 터득해서는 충분하지 않다. 자신이 직접 '임상 시험의 피험자'가 되어 자신이 배운 모든 것을 실천해야 한다. 또한 '임상 시험'의 결과도 보고할 필요가 있다.

쉬운 예를 보자. 당신은 반려견 훈련에 관한 강좌를 개설하고 싶은데, 누가 보더라도 반려견 훈련 전문가가 아니라고 가정해보자. 그래서 반려견 훈련에 관해 가능한 한 모든 책을 찾아 공부하고 전문 훈련사에게 상담한다. 원한다면 당신이 직접 강좌 몇 개를 수강할 수도 있다. 이러한 노력에 힘입어 당신은 머잖아 반려견 훈련에 관한 많은 지식을 획득한다. 당신이 상위 1퍼센트 반려견 훈련사라고 장담할 수 있는 수준이 되면 일단은 통과다. 아주 잘했다.

하지만 이게 끝이 아니다. 새로운 숙제가 기다린다. 당신은 지금까지 배운 것에서 중요한 내용만을 엄선해 당신의 언어로 설명할 수 있어야 한다. 다시 말해 당신만의 모델을 구축한 뒤 그 지식을 활용해 반려견을 직접 훈련해보아야 한다. 마지막으로, 당신이 개발한 모델을 사용해서 얻은 결과를 강좌에서 보여줄 수 있어야 한다.

▎ 배당주

이익의 일부를 모든 주주에게 골고루 배당하는 기업들이 있다. 이러한 배당 수익은 우리에게 허락된 가장 쉬운 자동 소득원 중 하나다. 자신이 직접 종목을 선택해도 되고 일단의 주식들로 구성된 배당주 펀드에 가입해도 된다. 우리의 역할은 배당금을 지급하는 주식을 매수하는 것으로 끝난다. 더는 할 일이 없다. 배당금이 우리 통장에 지속적으로 꽂힐 것이다. 당신은 배당금으로 주식을 추가로 매수할 수도 있고 인출해서 현금화할 수도 있다. 원하는 대로 사용하면 된다.

▎ 화이트 레이블 제품

화이트 레이블링whatie labeling은 자산을 통제하는 아주 탁월한 방법이다. 이것에 대한 완벽한 사례는 아마존의 브랜드를 달고 판매되는 제품이다. 아마존 사이트는 아마존 로고가 부착된 제품들을 판매하는데, 제품이 얼마나 다양한지 입이 쩍 벌어질 정도다.

이 사실도 놀랍지만 여기에는 대부분의 사람이 모르는 다른 비밀이 있다. 아마존은 이들 제품 중 단 하나도 직접 생산하지 않는다. 아마존은 이들 제품이 자사 제품인 것처럼 브랜드를 부착할 수 있도록 제조사의 허락받았을 뿐이다. 바로 이런 것을 화이트 레이블링이라 말한다. 한 회사가 타사의 제품이나 서비스를 자신의 브랜드나 포장을 이용해 판매하거나 고객에게 제공하는 것으로 일종의 리브랜딩re-branding이다.

아마존의 '비밀'을 무색하게 만드는 더 충격적인 사례도 있다. 룩소티카Luxottica라는 회사를 들어본 적 있는가? 어쩌면 룩소티카는 몰라도 이 회사의 제품을 구매했을 가능성은 매우 높다. 이탈리아 밀라노에 본사가 있는 이 회사는 전 세계에서 판매되는 선글라스의 90퍼센트 이상을 제조한다. 우리가 선글라스를 구입할 때 십중팔구는 룩소티카가 만든 선글라스일 확률이 높다는 뜻이다. 선글라스의 대표적 브랜드인 오클리Oakley나 레이밴Ray-Ban이든, 프라다 같은 명품 브랜드든, 동네 슈퍼마켓에서 구입한 싸구려 선글라스든 간에 말이다. 룩소티카가 제조한 선글라스는 일반 소비자에게 익숙한 이름으로 리브랜딩된다. 완전히 감쪽같은 '둔갑술'이다.

우리는 자신의 브랜드를 만들고, 그런 다음 타 제조사의 제품을 우리 브랜드로 포장해 재판매할 수 있다. 또는 생산자 직배송 즉 드롭시핑을 이용할 수도 있다. 앞서 설명했듯 드롭시핑은 생산자가 최종 구매자에게 제품을 직접 배송하는 방식으로 자산을 통제하는 기법이다. 판매자로서 우리는 창고도, 배송 센터도, 직원도 전혀 필요하지 않다. 이런 모든 일은 생산자가 대신해준다. 판매자로서 우리가 할 일은 해당 제품의 마케팅과 판매를 통제하는 것이 전부다. 더는 할 게 없다.

나머지 모든 과정은 제3의 직배송 생산자가 담당한다. 화이트 레이블링 제품을 판매하는 브랜드는 놀랄 정도로 많다. 우리라고 그렇게 못 할 이유가 없다.

| 내장형 오퍼

당신이 아이폰 사용자라고 가정해보자. 당신이 아이폰 앱스토어에서 특정 앱을 클릭해 무언가를 구매할 때마다 애플은 구매 가격의 일정액을 수수료로 받아 간다. 이 앱은 당신의 아이폰에 내장되어 있다. 이것이 바로 '임베디드'라고 불리는 내장형 오퍼embedded offer*다. 이는 애플 앱처럼 사용자가 구매한 제품이나 서비스에 내장된 또 다른 제품이나 서비스를 가리킨다.

나는 진즉부터 내 온라인 강좌에서 이 기법을 사용하고 있었다. 수강생들은 교육 과정의 하나로 자신의 유한책임회사limited liability company, LLC 또는 법인을 창업할 필요가 있다. 예전에 나는 수강생들에게 온라인 법률 자문 회사 리걸줌LegalZoom 같은 웹사이트들의 링크를 전송했고, 수강생들은 이러한 웹사이트에서 LLC나 법인을 직접 창업할 수 있었다. 그러던 어느 날이었다. 나는 한 기업가에게서 믿을 수 없을 만큼 좋은 제안을 받았다. 창업 대행 서비스를 제공하는 PCS의 소유주가 내 수강생들을 대신해서 회사를 설립해주겠다며 연락을 해온 것이다.

그뿐만 아니라 내 수강생들이 전화를 하면 LLC나 법인을 설립할 때 세금을 최대한 아낄 수 있는 절세 비법을 무료로 전수해주겠다

＊ 잠재고객을 발굴하기 위한 마케팅 방법의 하나로 잠재고객에게 제공하는 유무형의 콘텐츠와 서비스

고 약속했다. 당연히 내 수강생들이 마다할 이유가 없는 좋은 기회였다. 초창기에 수백 달러를 절약하는 것은 물론이고 어쨌거나 자신에게 필요한 무언가를 얻을 수 있으니 말이다. 세상에 완벽한 공짜란 없다고 수군거리는 소리가 들리는 것 같다. 완벽한 공짜는 아니었다. 솔직히 그는 세무 상담처럼 수강생들이 원한다면 추가할 수 있는 여타의 유료 서비스도 제공했다. 그랬기에 그가 창업 상담을 무료로 해줄 수 있었던 것이다.

그렇다면 여기서 내 역할은 무엇이었을까? 그는 내 강좌에 자신의 서비스로 직접 연결되는 버튼을 포함시켜 달라고 했다. 그리고 수강생들이 그의 서비스로 연결할 때마다 내게 일정 수수료를 제공하겠다고 약속했다.

결과부터 말하자면 이것은 호박이 넝쿨째 굴러온 셈이었다. 내가 이 링크를 제공하기 시작하고 나서 지난 몇 년간 매주 수만 달러의 자동 소득이 창출되고 있다. 나는 단 한 번의 가벼운 작업으로 완벽히 자동화된 소득 흐름을 발생시키는 이 자동 소득원을 만들었다. 더구나 이것은 나와 내 파트너 모두에게 윈윈이다. 내 파트너는 더 많은 고객을 확보한다. 그리고 나는 내 커뮤니티 내에서의 내 영향력과 리더십을 활용해 소득을 창출한다. 가장 중요한 사실은, 이것이 내 수강생들에게도 유익하다는 점이다. 수강생들은 자신의 비즈니스를 구축하는 데 있어 가장 중요하고 필수적인 단계 하나에 대해 개인 맞춤화된 전략적인 도움을 무료로 받을 수 있다.

지금 이 책을 읽고 있는 것으로 보아 당신은 아직 유한회사가 없을 가능성이 크다. 혹은 유한회사가 있더라도 당신은 비즈니스를 새로 시작할 때마다 별도의 유한회사를 반드시 설립해야 할 것이다. 그래서 말인데 당신에게 PCS를 추천하고 싶다. PCS의 서비스가 당신에게 유리하다고 생각된다면 이 장의 말미에 소개한 링크를 클릭하라. 오해가 없도록 미리 확실하게 커밍아웃하겠다. 언제든 당신이 PCS의 서비스 중 어떤 것이라도 이용한다면, 나는 제휴 수수료를 받는다(그들과 나와의 파트너십은 제휴 자동 소득원에 대한 완벽한 사례다).

이 파트너십에서 내 역할을 이해했는가? 나는 이 책에 어떤 오퍼를 '내장'했다. 솔직히 이번 장만이 아니다. 면밀히 살펴보면 이 책 곳곳에서 내장형 콘텐츠나 서비스를 다수 발견할 수 있다. 유망한 내장형 오퍼를 찾는 가장 쉬운 방법은 스스로에게 묻는 것이다. 내 제품이나 서비스를 구매한 이후 고객들은 또 무엇이 필요할까? 이것은 당신이 판매하는 것이 아니어도 괜찮다. 이것을 판매하는 사람을 찾아서 거래를 체결하면 된다.

오늘날은 패시브프러너가 사용할 수 있는 자동 소득원이 과거 어느 때보다 풍부하다. 이 책의 부록에 실린 자동 소득원 목록을 확인해보라. 내가 소개하는 자동 소득원, 자원, 교육 프로그램 등이 더 많이 필요하다면 www.dontstartasidehustle.com/resources를 방문하라.

패시브프러너가 되는
4단계

성공 직전,
당신을 무너뜨릴지 모를
9가지 함정

THE PITFALLS

OR THE PROFITS

함정에 빠지거나 성공하거나

부자의 길을 가로막는
9가지 함정

내가 삶의 다음 수준으로 도약하는 데 결정적인 도움을 주었던 숨은 공로자들이 있었다. 내가 고용한 많은 코치와 멘토들이 그들이다. 가끔은 장기적인 목표를 달성할 세부 전략과 계획을 수립하기 위해 그들과 손을 잡았다. 이럴 때면 그들은 재미있는 질문을 했다.

"당신이 궁극적으로 원하는 것이 무엇입니까? 최종 목표는 무엇이죠? 어떤 꿈들이 있습니까? 이러한 꿈을 언제까지 달성하고 싶으세요?"

내가 새롭게 생긴 꿈을 신나게 설명하면 그들이 으레 하던 요청이 있다. 그러한 목표를 달성하는 데 방해가 될 잠재적인 장애물 목록을 작성하라는 요청이다. 나는 가끔씩 이 단계를 생략하고 싶어

꾀를 부리곤 했다. 내 딴에는 확신이 있어서 그랬다. 내가 간절히 바라고 또한 추진력을 충분히 발휘해 달려간다면, 그 무엇도 내 목표 달성을 방해하거나 길을 막지 못할 거라고 믿었다. 요컨대 나는 부정적인 것에 초점을 맞추고 싶지 않았다. 대신 가능성만 보고 싶었다. 하지만 이것은 어리석은 생각이었고, 결국 나는 수년을 허비하고 말았다.

> 문제를 만들어낸 것과 똑같은 수준으로 생각해서는 어떤 문제도 해결할 수 없다."
>
> — 알베르트 아인슈타인

이런 근자감은 내 발목을 붙잡는 제한적인 믿음이었고 톡톡히 대가를 치러야 했다. 커다란 도전이나 큰 좌절을 경험할 때마다 나는 허를 찔려 속수무책일 수밖에 없었다. 이러한 도전이나 좌절을 예상하지 못했고, 예상하지 못했으니 이 장애물을 극복할 계획이 있을 리 만무했다.

나는 위기의 한복판에서야 문제를 해결하기 위해 아등바등 몸부림쳤다. 당신은 나와 같은 실수를 피할 수 있기를 바란다. 이런 실수를 미연에 방지할 쉬운 방법이 있다. 잠재적인 모든 장애물에 대해 미리 계획을 세우는 것이다.

| 패시브프러너의 길을 가로막는 장애물에
미리 맞서라

나는 사전 계획의 중요성을 설명할 때 전쟁에 비유하기를 즐긴다. 적의 공격이 임박했다면 다음 행동을 언제 결정해야 할까? 적의 공격이 시작돼 총알이 빗발치고 있을 때는 아니다. 적절한 군사 전략이란 발생할 수 있는 모든 시나리오를 예상하고, 잠재적인 공격에 어떻게 맞설 것인지 교전 계획을 미리 수립하는 것이다.

진취적인 패시브프러너로서 우리는 방어를 간과하는 경향이 있다. 우리의 시선은 늘 다음 지평선 너머에 고정되어 있고, 우리의 머리는 이루고 싶은 목표나 꿈에 대한 생각으로 가득 차 있다. 한마디로 우리는 뜬구름을 좇는 경향이 있다는 말이다. 나도 예외가 아니었다. 무슨 일이 닥치든 계속 전진한다는 강렬한 욕구와 굳건한 의지력이 내 성공에 어느 정도 기여한 것은 명백한 사실이다. 하지만 좌절과 실패 앞에 서면 나는 백전백패였다.

결론적으로 말해 지금 나는 내 멘토들이 옳았다고 생각한다. 나는 내 약점을 분명하게 인지하고 더 나아가 가장 보편적인 장애물들을 이해하는 데 충분한 시간을 쓸 필요가 있었다. 잠재적인 걸림돌을 미리 이해한다면, 이런 일이 실제로 닥칠 때 적의 기습 공격을 받은 것처럼 놀라거나 당황하지 않을 수 있다. 오히려 자신이 어떤 위기에 처했는지 정확히 식별하고, 이 위기를 극복할 가장 효과적인 방법을 알아낼 수 있을 것이다. 감정에 따라 반사적으로 반응하는 것이 아니라 미리 준비된 상태에서 적극적으로 대처할 수 있다는 말이다.

자신이 바라는 이상적인 결과를 향해 나아가다 저항에 부닥치면 많은 사람이 기겁한다. 이들은 이러한 장애물에 미리 대비하지 않았고, 그리하여 정상 궤도에서 탈선하는 경우도 비일비재하다. 우리가 목표를 달성하지 못하도록 방해하는 것은 딱 하나다. 바로 포기하는 것!

4부의 목표가 바로 이것과 관련 있다. 도전을 멈추고 포기하게 만드는 모든 잠재적인 시나리오를 철저히 해부해보자. 이러한 장애물을 사전에 이해한다면, 언젠가 이 시나리오가 현실이 되었을 때 우리는 더욱 잘 준비된 상태일 것이다. 또한 힘을 덜 들이고 장애물을 극복할 수 있다. 특히 가장 보편적인 함정에 대비한다면 불의의 사태가 닥쳐도 훨씬 슬기롭게 대처할 수 있을 것이다.

이런 태도는 부정적인 것과는 전혀 다르다. 미래를 부정적으로 내다보는 것이 아니라 철저하게 준비하는 것이 핵심이다. 생전 처음 도전하는 여정을 준비도 없이 무턱대고 시작해서는 안 된다. 앞으로 만날 수 있는 다양한 상황을 철저히 조사하고 이해한 다음에야 비로소 출발할 준비가 된 것이다.

각 장애물에 대해 오직 우리 자신만이 할 수 있는 것이 있다. 과거에 그것이 자신을 어떤 식으로 방해했는지 생각해보라. 아울러 이들 장애물 중에서 자신이 유독 어디에 취약한지 냉정하고 냉철하게 평가하라. 가장 큰 함정에 빠지지 않도록 주의하라. 즉 우리 자신은 이러한 장애물에 직면하지 않을 거라는 '자신감 착각'을 경계해야 한다. 이 과정은 당신이 패시브프러너로 가는 여정에서 가장 중요하다.

SUCCESS
= 10%
PLANING
+ 90%
EXECUTION

성공=계획 10퍼센트+실행 90퍼센트

마냥 미루며 실행하지 못하는
계획 수립 함정

계획 수립 함정은 패시브프러너가 되고 싶은 사람이 가장 먼저 만나는 함정이다. 또한 가장 은밀하기에 가장 포착하기 어려운 함정 중 하나다. 준비하는 것 자체는 아무런 문제가 없다. 문제는 어려운 일을 하지 않으려고 사람들이 준비 과정을 핑계로 사용하는 것이다. 이는 아주 흔한 일이다. 개중에는 실패에 대한 두려움을 피하기 위한 하나의 방편으로 준비에 매달리는 사람도 많다. 바로 내가 그랬다. 지금부터 내 흑역사를 들려줄 테니 반면교사로 삼길 바란다.

나는 온라인 마케터가 되는 방법을 배우고 싶었다. 전 세계 사람들에게 디지털 제품을 판매하고 내가 잠을 잘 때도 수익이 발생하는 온라인 마케팅의 매력에 흠뻑 빠졌다. 그리하여 어떻게든 온라인 마케팅을 배워 온라인에서 돈을 벌겠다고 굳게 다짐했다. 무려 10년이 넘게 걸릴 줄은 꿈에도 모른 채 말이다.

▎경험이 최고의 스승, 준비를 멈추고 링에 올라라

그래서 내가 어떻게 했느냐고? 온라인 마케팅이라는 산을 정복하기 위한 준비 과정에 돌입했다. 온라인 마케팅에 관한 책을 찾아 모두 구입했고 온라인 마케팅의 권위자와 전문가들에게서 배우기 시작했다. 또한 온라인으로 소득을 창출하는 방법을 모조리 연구하고 조사하는 데 상당한 시간을 투자했으며, 각종 콘퍼런스에 참석했고, 성공적인 온라인 마케터들과 오랜 시간 통화했다.

이뿐만이 아니다. 내가 성취하고 싶은 목표를 기록하고 상세한 계획을 수립했으며, 본 게임을 시작하기 위한 잠재적인 방법과 아이디어를 브레인스토밍했다. 이러한 활동 모두 중요했다. 하지만 쑥스러운 고백을 해야겠다. 이 과정에 무려 10년이 소요되었다. 나는 강산이 한 번 바뀌는 동안 온라인 세상에서 동전 하나도 벌지 못했다.

나는 준비한답시고 법석을 떨며 몇 년을 허송세월한 뒤에야 마침내 나 자신에게 솔직해졌다. 내가 한 발도 떼지 못한 이유는 두려움 때문이었다. 성공하지 못할 거라는 두려움, 온라인 마케터로 성공할 만큼 똑똑하지 않다는 자격지심. 그래서 나는 준비를 핑계 삼아 본격적인 시작을 차일피일 미루었던 것이다.

준비란 본래 명확한 최종 기한이 없다. 그런 고로 준비 기간을 무한정 끌고 가는 것은 식은 죽 먹기다. 나는 이 수렁에서 어떻게 빠져나왔을까?

먼저 구체적인 행동을 하기로 결정했다. 즉 강좌를 개설한 것이다. 그런 다음 이 과제를 완수해야 할 명확한 시점을 정했다. '반드시 석 달 안에 바로 판매할 수 있는 온라인 강좌 최종본을 생산하라'라고 나 자신에게 최후 통첩을 날렸다. 그때야 비로소 온라인 마케터의 꿈에서 중대한 진전을 이룰 수 있었다. 어쨌든 나는 첫 번째 목표를 달성했고, 두 번째 구체적인 활동에 착수했다. 그리고 온라인으로 수천만 달러의 수입을 창출한다는 목표를 달성할 때까지 두 번째 활동을 계속했다.

그렇다면 계획 수립과 준비가 성공에 얼마나 기여할까? 나는 계획과 준비가 성공 공식에서 차지하는 비중이 기껏해야 10퍼센트라고 생각한다. 필요한 과정임에는 틀림없지만 흔히 생각하는 것만큼 결정적인 요소는 아니다. 나머지 90퍼센트는 자신의 목표를 달성하기 위해 구체적이고 일관되며 중대한 활동을 날마다 일상에서 실행하고 지속하는 것이다.

다시 말하지만, 이것은 기업가도 패시브프러너도 극히 주의해야 할 커다란 함정이다. 이는 아무리 강조해도 지나치지 않다. 이 함정에만 빠지지 않았으면 충분히 비상할 능력이 있는데도 계획 단계에서 날개가 꺾인 사람이 부지기수다. 더욱이 이들은 자신이 계획의 함정에 빠졌다는 사실조차 인지하지 못한다. 내가 매일 이러한 사람들을 무수히 보고 있으니 내 말을 믿어도 된다. 이 함정은 전염병처럼 멀리하는 것이 상책이다. 이 함정의 가장 치명적인 위험은 스스로가 이 덫에 걸렸다는 것조차 인지하지 못하는 것이기 때문이다.

▎역설적으로, 최종 기한은 더 많은 자유를 주는 족쇄다

계획 수립의 함정을 피하는 가장 효과적인 방법은 일단 최종 기한을 정하고 그런 다음 지키기 위해 노력하는 것이다. 나도 잘 안다. 기한은 그 자체로 마음의 족쇄다. 우리는 매일 자신이 하고 싶은 것을 할 수 있는 자유를 원한다. 하지만 특정 프로젝트의 최종 기한을 정하지 않으면 어떤 상황이 벌어질지 눈에 선하다. 끊임없이 미루고 소득 없이 분주한 날만 계속되리라. 이런 것들을 모두 고려해보면 가장 중요하고 최우선적인 삶의 습관이 무엇인지 분명해진다. 자신이 시작하는 모든 프로젝트에 구체적인 최종 기한을 정하는 것이다.

우리가 하루를 어떻게 보내는가에 이런저런 시간 제약을 부과하는 것이 구속처럼 느껴질지도 모르겠다. 하지만 실제로는 다르다. 최종 기한을 정하는 것은 우리에게 더 많은 자유를 가져다준다. 일이 언제 시작하고 언제 끝나는지 알 수 있어서다. 또한 자신이 일정에 맞춰 일을 완수했다는 사실을 알게 되니 이번 성취를 이룬 대견한 자신에게 보상을 줄 수도 있다. 게다가 최종 시한을 정하면 해당 일을 완수할 가능성도 높아진다.

커다란 진전을 이루고 싶은 큰 프로젝트를 시작한다면 꼭 한 가지 약속을 해주기 바란다. 행동 계획을 수립하되 짧고 굵게 끝내라. 반드시! 그리고 계획 수립에도 꼭 기한을 정하라. 당신은 계획 수립 단계를 마무리하고, 그 계획을 실행하고 창조하는 단계로 나아갈 필요가 있다. 이 일에서도 경험이 최고의 스승이라는 사실을 잊지 마라. 경험이 쌓일수록 더 쉬워지게 마련이다. 무언가를 이루고 싶을 때 계획 수립은 필수다. 하지만 이제까지 성공과 성취의 길을 사전에 계획한 사람은 없었다. 일단 도전하고 경험하라.

IGNORE THE SQUIRRELS

산만한 다람쥐를 경계하라

이것저것 산만하게 집적대는
다람쥐 함정

    나는 이 함정의 명칭을 영화 〈업〉에서 따왔다. 이 영화를 못 본 사람들을 위해 내용을 간략히 살펴보자. 이 영화는 아내를 먼저 떠나보낸 78세의 노인 칼 프레드릭슨이 자신의 집에 수많은 풍선을 매달아 전 세계를 일주하는 모험 이야기다. 프레드릭슨은 여행 중에 더그라는 귀여운 골든 리트리버를 만난다. 더그는 사랑스럽고 대단히 충성스럽지만 다람쥐만 보면 정신을 못 차린다.

 다람쥐다!"

— 더그, 영화 〈업〉 중에서

영화 곳곳에서 더그는 얼어붙은 듯 멈춰서서 코를 추켜세우고 한 방향을 보며 외친다. "다람쥐다!" 다람쥐를 볼 때면 더그는 주의가 산만해지고 통제 불능 상태에 빠진다. 사실 더그만이 아니라 대부분의 개가 다른 동물의 냄새를 맡았을 때 이런 반응을 보인다. 영화 전반에서 더그의 이런 모습은 귀엽고 사랑스럽게 묘사되었고 관객에게 유쾌한 웃음을 선사했다. 하지만 나는 이런 더그를 볼 때마다 나 자신을 보는 기분이었다.

이 함정에 있어서 모든 인간은 다 거기서 거기, 오십보백보다. 그리고 현대를 살아가는 우리에게 다람쥐 증후군은 매우 실질적인 위협이다. 왜냐하면 오늘날이야말로 인류 역사에서 가장 기회가 많은 시기이기 때문이다. 정말이다. 우리는 자칫하다간 기회 중독의 함정에 빠질지도 모른다.

다람쥐 증후군의 문제는 명확하다. 우리는 하나의 기회에서 성공할 수 있을 만큼 충분히 오래 이 기회에 집중하지 않는다. 자신이 포기했다는 사실을 인정하는 것보다 더 나은 기회를 찾았다고 스스로를 위로하는 편이 훨씬 쉬워서다. 내가 이제껏 만난 모든 사람에게 공통점이 하나 있다. 자신이 포기가 빠르다고 솔직하게 인정하는 사람은 하나도 없었다는 점이다. 우리 모두 삶의 어느 순간 포기한 경험이 있다. 그리고 우리가 포기한 것은 다람쥐들에 정신이 팔려서였다.

▌ 다람쥐 증후군을 치료할 세 가지 해독제

걱정하지 마라. 다람쥐 증후군을 치유할 수 있는 특효약이 있으니까. 이것은 간단한 세 단계로 이뤄진다. 첫째, 이전에 해본 일을 선택하고 이 일을 성취하기 위한 로드맵은 신뢰할 수 있는 것이어야 한다. 둘째, 이상적인 최종 결과를 달성할 때 성공이 어떤 모습일지 정의하고 최종 결과를 달성할 기한을 정하라. 마지막으로, 구체적인 목표를 달성할 때까지 다른 모든 기회는 어떻게든 무시해야 한다. 이 세 가지만 충실히 따르면 더는 다람쥐 증후군의 제물이 되지 않을 수 있다.

다시 강조한다. 자신이 무엇에 전념하는지 그리고 자신이 바라는 구체적인 결과가 무엇인지 결정하고 나면, 다람쥐들을 무조건 무시해야 한다. 일말의 여지를 주어서는 안 되며 다람쥐들을 가차 없이 무시해야 한다.

'결정하다'라는 뜻의 영어 단어 'decide'에는 흥미로운 점이 있다. 접미사 'cide'가 '살인homicide'과 '살충제peticide' 같은 단어들의 접미사와 동일하다는 점이다. 그리고 'cide'는 죽이거나 잘라낸다는 뜻을 지녔다. 만약 '결정하다'라는 단어를 어원 그대로 '끊고de' '잘라내다 cide'라는 뜻으로 사용한다면 어떻게 될까? 진심으로 무언가를 결정한다는 것이 다른 모든 기회를 죽이기로, 다른 모든 선택지를 잘라내기로 선택하는 것이라면? 자신이 선택한 결과를 달성할 때까지 다른 무언가를 한다는 생각조차 죽인다면? 이것이 바로 결정의 힘이며, 결정이야말로 다람쥐 증후군을 이기는 궁극의 해독제다.

▌ 하나만 밀어붙여야 한다

여기서 반드시 알아야 할 것이 있다. 우리는 누구나 모든 것을 다 할 수 없을뿐더러 취사선택은 불가피하다. 선택의 묘미가 무엇인지 아는가? 다른 선택지들을 잘라내면 우리가 선택한 하나의 일에서 성공하는 데 필요한 자원들이 자유롭게 해방된다는 점이다. 이렇게 되면 성공은 따놓은 당상이나 다름없다.

오늘 당신이 무엇에 헌신하는지 주의 깊게 살펴보라. 그런 다음 당신의 목표를 달성할 때까지 다른 모든 선택지를 기꺼이 잘라낼지 아닐지 결단하라.

그렇다면 새로운 기회는 언제 고려해야 할까? 나는 하나의 전제조건이 반드시 충족되어야 한다고 생각한다. 지금의 기회에서 스스로 설정한 목표를 달성했을 때다. 그런 다음에야 비로소 무엇이든 다음 일을 시작하기로 결정할 수 있다. 이런 접근법은 일을 끝까지 완수하고 집중하고 몰입할 수 있는 근육을 강화시키는 효과가 있다.

이것의 결과는 운동과 마찬가지다. 우리는 정신의 근육이 단단한 사람이 될 수 있다. 이런 강단이 있으면, 다람쥐 증후군만이 아니라 다른 모든 함정과 장애물을 이겨내고 최종 목표를 달성할 가능성이 훨씬 높아진다. 절대 다람쥐의 유혹에 넘어가지 마라.

AN OCEAN OF MONEY

돈의 바다가 펼쳐져 있다

아낄수록 더 가난해지는
절약 함정

내겐 가난한 사람과 부자를 구분하는 나름의 방법이 있다. 이는 순전히 내 개인적인 경험에서 비롯한다. 가난한 사람은 대개가 돈을 아끼는 것, 즉 절약에 초점을 맞춘다. 이들이 입버릇처럼 달고 사는 말이 있다. '한 푼까지 쥐어짠다', '1달러도 최대한 아껴 쓴다', '빠듯하게 먹고산다'라는 식의 말이다. 이렇게 볼 때 돈을 아낀다는 것은 결국 돈이 충분하지 않다는 생각과도 통한다.

최소한 내가 관찰한 바에 따르면 슈퍼리치들은 다르다. 이들은 절약의 '절' 자도 생각하지 않는다. 푼돈을 아끼는 것은 아예 안중에도 없다. 이들은 수백만 달러, 수십억 달러에 관심을 집중한다. 이들은 오직 풍요로움, 수익 창출, 재산 축적, 새로운 소득원 구축만 보고 듣고 생각할 뿐이다. 우리가 부에 초점을 맞출 때 우리의 뇌는 세상에 부가 차고 넘친다고 생각하게 된다. 긍정적인 것이든 부정적인 것이든 우리가 삶에서 집중하는 무언가가 증가하는 것이 세상의 이치다. 진짜다. 우리가 초점을 맞추는 무언가를 더 많이 얻게 되어 있다.

> **소탐대실하지 마라.**
> **우리 뒤에는 돈의 바다가 펼쳐져 있다."**
>
> ― **필자**

사례를 통해 좀 더 자세히 알아보자. 작년 여름 어느 날이었다. 나는 두 살짜리 딸아이를 데리고 바닷가로 놀러갔다. 딸은 플라스틱 양동이와 삽 같은 모래놀이 장난감에다 아빠까지 함께 있으니 마냥 즐거워했다. 딸은 양동이를 들고 바다로 달려가 바닷물을 가득 떠와서는 모래성을 쌓는 놀이에 열중했다. 딸은 이 과정을 몇 번이나 되풀이했다. 그러던 중 한번은 뒤뚱뒤뚱 걸어오다가 그만 물이 든 양동이를 엎고 말았다. 딸은 나를 쳐다보더니 이내 울음을 터뜨렸다. "아빠, 물을 다 쏟았어요!" 딸은 마치 세상이 무너지기라도 한 듯 크게 실망했다.

나는 딸을 들어 올려 가슴에 꼭 안고 바다로 가서 수평선을 가리키며 말했다. "공주야, 잘 보렴. 이게 다 물이야. 네가 평생 양동이로 퍼담을 수 있는 것보다 훨씬 많아. 그러니 아까 쏟은 물에 대해서는 걱정 안 해도 된단다. 지금 당장 네가 원하는 만큼 떠올 수 있으니까."

두세 살 아이가 물동이 하나 엎어진 것을 두고 어째서 이토록 낙담하는지는 충분히 이해할 수 있다. 그런데 어른인 우리도 비록 대상은 다르지만 이럴 때가 많다. 어른을 안달 나게 하는 것은 돈이다. 우리는 돈이 유한하다고 믿는다. 우리가 이런 믿음을 갖는 이유는 딱 하나고, 여기에는 슬픈 사연이 얽혀 있다. 살아오는 내내 거의 언제나 돈이 부족했기 때문이다. 안타깝게도 우리는 바닷가에 서서 엉뚱한 방향을 바라본다. 우리 뒤에 돈의 바다가 펼쳐져 있는데도 젖은 모래에서 현금을 쥐어짜려고 기를 쓴다.

▍생각을 바꿔라, 돈에는 한계가 없다

현실을 직시해야 한다. 돈을 희소한 자원처럼 생각하는 한, 우리의 행동은 이러한 믿음에서 벗어나지 못할 것이다. 이런 행동은 결국 돈이 더욱 부족한 상태, 빈익빈 상황으로 귀결된다. 우리는 지출을 줄이고 절약할 수 있는 방법을 찾겠지만, 정작 자신의 코앞에 있는 기회들을 알아볼 에너지가(심지어는 식별력도) 없을 것이다. 설상가상 자신이 가진 유일한 양동이마저 쏟게 된다.

언젠가 내 멘토 한 명이 자신의 부자 철학을 들려주었다. 그는 매일 아침 눈을 뜨면 큰소리로 외쳤다. "수백만 달러는 쉽게 벌 수 있다." 지금 당신 입장에서는 그의 확언이 불쾌하게 들릴지도 모르겠다. 솔직히 나도 그 말을 처음 들었을 때는 많이 거슬렸다. 하지만 내가 어떻게 생각하든 상관없이 그는 정말 그렇게 믿었다. 내가 그의 말을 아니꼽게 받아들인 이유는 참으로 옹졸했다. 돈에 대한 당시 내 모든 믿음은 그의 믿음과 정반대였다. 수백만 달러를 버는 것이 어떻게 쉬울 수 있는가 말이다.

그럼에도 나는 속는 셈 치고 그의 실험을 따라 하기로 마음먹었다. 매일 아침 일어나자마자 거울을 보며 소리쳤다. "수백만 달러는 쉽게 벌 수 있다!" 거울을 쳐다보며 이렇게 외치는 내 모습이 바보 같았지만 두 눈 질끈 감고 나는 이 '바보짓'을 계속했다. 그런데 이 말을 계속 되뇌다 보니 놀라운 일이 벌어졌다. 어느샌가 진짜 그 말을 믿게 된 것이다. 그리고 주변 사람들에게 '수백만 달러는 쉽게 벌 수 있다'는 믿음이 생겼노라 자랑했다. 그들의 반응이 지금도 생생히 기억난다. '드디어 얘가 미쳤군.' 내가 돌아이처럼 보였을 수도 있으리라. 하지만 오래지 않아 나는 부자 돌아이가 되었다.

구두쇠 증후군을 피하라. 이 덫에서 벗어나지 못하면 죽는 날까지 가난의 굴레를 절대 벗지 못할 것이다. 그럼 이 함정을 어떻게 피해야 할까? 밑져봐야 본전이니 내 제안대로 해보라. '이번 주 식비를 어떻게 줄일까?' '가장 싼 주유소가 어디일까?' 더는 이런 식으로 생각하지 마라. 대신에 이렇게 자문하라. '100만 달러를 더 벌려면 어떻게 해야 할까?' '다음 달 내 돈을 두 배로 불리려면 어떻게 해야 할까?' 또는 '어떻게 하면 내 수입을 열 배로 늘릴 수 있을까?'라고 물어라. 이 말은 내 친한 친구이자 동료이며 '열 배 운동10X Movement'의 창시자인 그랜트 카돈이 즐겨 하는 말이며 실제로 효과가 크다. 내년에 수입을 1,000퍼센트 증가시키고 싶은 사람이라면 식료품 가격이나 기름값 같은 푼돈을 아끼는 것에 신경 쓰지 않을 터다.

핵심 내용을 한 번 더 정리하며 글을 마무리하자. 적절한 질문은 돈을 불러오고 잘못된 질문은 가난을 심화시킨다.

ROAD TRIP OR ROAD TRAP?

도로 여행일까, 도로 함정일까

목적지에 집착하다
여행의 즐거움을 잃는
자동차 여행 함정

내가 어렸을 때 아버지가 몰던 차는 셰비의 베이지색 스테이션 왜건이었다. 차체가 아주 길었고 인조 목재 패널에 3열의 벤치시트가 장착되었으며 뒷유리는 내려져 있었다.

▎목적지는 잊고, 지금 이 순간에 몰입하라

우리 가족은 여행을 많이 다녔다. 장거리 여행을 갈 때면 여동생과 나는 자리에 벌러덩 드러누워 무료한 시간을 달랬고 서로 명당자리에 앉으려고 실랑이를 벌였다. 승자가 명당자리인 맨 뒷좌석을 차지했다. 그곳이 명당인 이유는 뒤차 운전자를 향해 얼굴을 찡그리며 장난칠 수 있었기 때문이다.

지구상의 모든 아이가 그렇듯 차에서 몸을 뒤틀며 여동생과 나도 부모님을 끊임없이 채근했다. "아직 멀었어요? 언제 도착해요? 도착하려면 얼마나 남았어요?" 묻고 또 묻고 다시 물었다. 철없는 아이들이야 당연히 참을성이 없지만 어른 중에도 인내심이 부족한 사람이 많다. 이들은 아이처럼 자신에게 계속 묻는다. "아빠, 아직 멀었어요?"

도로 여행의 함정은 목적지에 도착할 때까지 진득하게 기다리지 못하고 조바심치는 것과 관련 있다. 또한 아직 목적지에 도착하지 않았다는 사실에 초점을 맞춘다는 반증이다. 이뿐만 아니라 아직 목표를 달성하지 못했다는 이유로 자신을 지나치게 닦달하고 몰아대는 것과도 연관이 있다.

목적지는 결코 장소가 아니다.
새로운 시각으로 사물을 보는 방법이다."

— 헨리 밀러, 《북회귀선》의 작가

도착 예정 시간을 알고자 하는 욕구를 내려놓으면 어떻게 될까? 놀라운 일이 벌어진다. 더러는 목적지에 더 일찍 도착하기도 한다. 무엇보다도 여정 자체를 즐기게 된다. 상황이 생각만큼 빨리 진행되지 않아 실망하고 좌절하는 것보다 일찍 도착해 기분 좋게 놀라는 편이 훨씬 낫다는 건 두말하면 잔소리다.

특정 날짜까지 목표를 달성하고 싶었는데 그 날짜가 되었어도 아직 목표를 달성하지 못했다면, 어떻게 해야 할까? 머잖아 목표를 달성할 거라고 믿어야 한다. 이런 믿음이 있다면 단순히 시간표를 변경해야 한다는 이유만으로 포기하는 일은 없을 테니까. 가끔은 여정이 우리 예상보다 느리게 진행된다. 어떤 일이든 계획대로 되지 않을 때가 있다. 하지만 이런 상황이 오늘 자신의 감정 상태에 영향을 미치면 안 된다. 오히려 비즈니스라는 자동차의 맨 뒷좌석을 차지했다는 사실에 만족하고, 때가 되면 목적지에 도착할 거라는 사실을 믿어야 한다.

여동생과 나는 가족 여행에서 목적지를 잊고 여행 자체를 즐길 때마다 시간이 쏜살처럼 지나가는 것을 느꼈다. 자동차 여행의 함정에 빠지지 말자. 자칫하면 여행 자체를 완전히 망칠 위험이 있으니까 목적지에 언제 도착할지 전전긍긍하지 마라.

| 우리는 반드시 도착한다, 그러니 즐겨라

그렇다면 자동차 여행의 함정을 피할 수 있는 해결책은 무엇일까? 인내심이다. 시대착오적이고 진부하다고? 맞다. 솔직히 바쁜 현대인 중에 참을성이 강하다고 자부할 수 있는 사람이 몇이나 될까?

일과 삶에서 성공을 향한 뜨거운 욕구에 불을 댕기는 불씨가 인내심과 완전히 대치되는 것처럼 보이는 경우는 허다하다. 마음속에 들끓는 야망과 원대한 꿈이 번질 때 어떻게 참고 인내할 수 있을까? 인내가 혹시 우리의 진전을 느리게 만들지 않을까? 아니다, 그 반대다. 각각의 단계를 즐기는 법을 배우고 때가 되면 반드시 도착할 거라고 진심으로 믿어라. 그럴 때 우리는 여행을 훨씬 더 즐길 수 있다.

이쯤에서 고백성사를 해야겠다. 나도 이제껏 인내심이 부족했던 적이 참으로 많았다. 나는 오직 성공이라는 목표를 향해 폭주 기관차처럼 달렸고, 이 때문에 일상의 모든 즐거움을 놓치고 말았다. 그러던 중 한 친구의 말을 듣고서야 정신이 들었다. 친구의 말이 아주 심오하게 들렸다.

"10년 전의 브라이언이 오늘의 브라이언을 만난다면 지난 10년간 네 힘으로 성취한 것들에 충격받을걸." 이 한 문장에 나는 눈이 번쩍 뜨였다. 오늘의 내가 과거의 나에게 이미 영웅이라면? 갈수록 커지고 아직도 갈 길이 멀다고만 생각되는 내 미래 목표들을 잣대로 내 현재 모습을 측정한다면 어떻게 될까? 지금 여기서 멈추고, 그런 다음 이제까지 내가 이룬 모든 성취를 몇 년 전의 내 눈으로 바라보면서 자축할 수 있다면 어떻게 될까? 이러한 발상의 전환은 강력한 효과를 발휘했고, 그때부터 지금까지 이것은 내 마음의 북극성이 되었다.

자동차 여행의 함정을 피하라. 조급함을 버려라. 이 여행은 본래 즐거운 것이다.

PAID THE PRICE

결과를 원한다면 대가를 지불해야 한다

과정의 가치를 무시하는
인과 함정

러닝머신에서 땀 한 방울 흘리지 않고 수월하게 식스팩 복근과 탄탄한 몸을 가지고 싶은 것은 인지상정이다. 우리는 좋아하는 음식을 원하는 만큼 먹으면서도 살을 빼고 싶어 한다. 이런 모순에 빠진 우리의 욕구를 파고들며 갑자기 다이어트 산업이 등장했다. 다이어트 산업은 이처럼 양립 불가한 욕구를 충족시켜준다고 약속한다. 다이어트뿐 아니라 돈에 대해서도 우리는 이중적이다. 실질적인 노력을 전혀 하지 않으면서 부자가 되고 싶어 한다. 이러한 요행 심리를 자극하며, 우리에게 이것이 가능하다는 믿음을 심어줄 사람은 차고 넘친다.

우리는 자신이 추구하는 무언가를, 다른 말로 '결과'를 열망한다. 하지만 이 결과를 실현해주는 원인에 대해 생각하고 싶은 마음은 눈곱만큼도 없다. 한마디로 우리는 공짜로 무언가를 원한다. 아니, 한술 더 뜬다. 아무런 대가를 치르지 않고 무언가를 원할 뿐 아니라 '지금 당장' 그것을 원한다. 가끔은 오늘 우리의 행동이 내일 어떤 식으로건 영향을 미칠 거라는 사실을 고려하지 않는다. 뭐, 하루 이틀 정도는 영향을 미치지 않을 수 있다고 치자. 그런데 우리가 매일 취하는 행동들이 장기간에 걸쳐 누적된다면 어떨까? 결국에는 우리의 미래에 커다란 영향을 미칠 게 뻔하다. 가랑비에 옷이 젖듯이 말이다.

예전에 내 멘토 한 명이 날카로운 질문을 던졌다. "2년 후 수백만 달러를 보장받는 대신 그때까지 무보수 정규직으로 힘들게 일하라면, 받아들이겠습니까?" 두 번 고민할 필요도 없는 질문이었다. 하고 말고, 당연히 해야지. 하지만 기업가정신의 핵심은 우리가 원하는 결과를 달성할 수 있을지 확신이 없다는 데 있다. 바로 여기서 문제가 생긴다. 우리는 원하는 결과를 얻을 거라는 확신이 없어서 이 결과를 필연적으로 만드는 원인을 생성시키지 않는다.

이 함정을 피할 수 있는 비결을 알고 싶은가? 잠깐만 기다려주길 바란다. 먼저 당신에게 묻고 싶은 것이 있으니까. 이 함정은 또 다른 질문을 포함한다. 당신은 기꺼이 대가를 치를 의향이 있는가? 언젠가 돌파구를 찾고 성공할 거라는 확신이 있다면, 당신은 보상이나 긍정적인 피드백이 거의 없는 동안에도 필요한 것은 무엇이든 기꺼이 하겠는가? 십중팔구는 당당히 '예스'라고 대답하는 대신 바로 포기해버린다. 다시 말해 이들은 대가를 지불하고 싶은 마음이 없다.

▎시작하자마자 돈이 되는 사업은 없다

나는 새로운 비즈니스를 시작할 때마다 최소 반년에서 최대 2년까지 시간과 열정을 쏟아부었다. 내가 기억하는 한 시작하자마자 곧바로 돈이 된 사업은 하나도 없었다. 그런데도 내가 포기하지 않을 수 있었던 것은 초심 덕분이다. 나는 사업을 벌일 때마다 굳게 다짐했다. 성공하기 위해(결과) 필요한 일은 무엇이든 흔쾌히 할 것이며, 필요하다면 어떤 사람이든 기꺼이 되겠다고(원인). 반면 결과를 얻을 때까지 얼마나 많은 시간이 걸릴지는 내게 중요하지 않았다.

이제 인과의 함정을 피하는 방법을 알아보자. 너무나 보편적인 인과의 함정을 피하기 위한 첫 단계는 만족을 지연시키는 능력을 개발하는 것이다. 미래의 더 큰 가치를 위해 현재의 욕구나 만족을 참는 이 능력은 성숙한 사람들의 전매특허다. 아이들은 만족을 지연시킬 줄 모르고 오직 어른만이 이렇게 할 수 있다는 이야기다. 아이들은 원하는 것을 요구하는 바로 그 순간에 그것이 '대령'되기를 기대한다. 나 또한 부모로서 장담하건대 이것은 상당한 육아 스트레스 중 하나다.

부모로서 우리는 아이들에게 '무언가를 요구한다고 해서 그것을 당장 가질 수 있는 것은 아니'라고 이성적으로 이해시키려 애쓴다. 아이들과 달리 성인인 우리는 이것을 잘 이해하고 있다. 하지만 가끔은 인지 부조화가 나타난다. 우리 자신이 철없는 아이처럼 행동할 수 있다는 것을 인지하지 못하는 것이다. 로알드 달^{Roald Dahl}의 유명한 아동 소설《찰리와 초콜릿 공장^{Charlie and the Chocolate Factory}》의 주인공 버루카 솔트^{Veruca Salt}처럼 우리는 자신이 원하는 것이 이뤄지기를 바란다. 더구나 당장 자신의 요구가 충족되기를 기대한다. 우리는 이것을 하면 저것을 가질 거라고 희망한다. 아니, 이조차 성에 안 찬다는 듯 자신이 계획한 시간표에 딱 맞춰서 가질 수 있기를 바란다.

처음 한동안은 결실을 맺지 못할 가능성이 있음을 받아들인 상태에서 필요한 노력을 기울인다고 상상해보라. 어쩌면 겉보기와 다를지도 모른다. 우리가 실제로는 강력한 추진력을 만들어내고 있는데도 아무 일도 일어나지 않는 것처럼 보일 수도 있다는 말이다.

최근 한 유명 영화배우의 인터뷰를 보았다. 늦깎이 신인인 이 여배우는 하룻밤 새 성공한 기분이 어떠냐는 질문을 받았다. 그러자 약간 곤혹스러운 눈길로 인터뷰어를 빤히 바라보았고 이내 작심발언을 쏟아냈다.

"저는 하룻밤 새 떠오른 벼락스타가 아니에요. 14년간 무명 배우로 연기력을 키워왔죠. 조연, 단역 어떤 역할이든 마다하지 않았어요. 거의 평생토록 말이죠. 오디션에도 얼마나 많이 떨어졌는지 몰라요. 수천 번은 아니어도 족히 수백 번은 되죠. 불과 1년 전까지만 해도 통장 잔고가 1,000달러를 넘긴 적이 없었다면 믿으시겠어요? 하지만 저는 어떤 것도 불평하지 않았어요. 한 번도요. 연기가 너무 좋거든요. 유명해지고 싶었냐고요? 아니요. 그런 생각은 해본 적도 없어요. 그러니 저를 벼락스타라고 부르는 것은 옳지 않아요. 저는 언제나 성공한 배우였어요. 단지 이제야 사람들이 나를 성공한 배우로 인정해줄 뿐이죠."

BURNING

DESIREA

불타는 욕망은 성취의 전제 조건이다

'원츠'에 빠져 '니즈'를 잊는
무관심 함정

최고의 현인으로 칭송받던 소크라테스와 한 제자에 얽힌 이야기가 있다. 이 이야기는 간절히 원한다는 것, 즉 마음속에 들끓는 욕망이 얼마나 중요한지를 잘 보여준다. 제자가 모든 지식의 비결을 알려 달라고 부탁하자 소크라테스는 흔쾌히 수락했다. 그런데 어쩐 일인지 스승은 제자를 강으로 데려갔다. 소크라테스는 강물로 저벅저벅 걸어 들어가더니 제자에게 따라오라고 말했다. 어린 제자가 가슴 높이까지 들어갔을 때 소크라테스가 제자의 머리를 세게 붙잡아 물속으로 처박았다. 제자는 스승의 손아귀에서 벗어나 어떻게든 물 밖으로 빠져나오려 미친 듯이 발버둥 쳤다. 숨을 꼴깍이며 스승을 손톱으로 할퀴고 밀쳤다. 하지만 소크라테스의 힘이 더 셌고, 그는 물에 잠긴 제자의 머리를 더 단단히 눌렀다. 처절하게 발버

등을 치고 1분쯤 지났을까? 제자는 이제 생명의 위협까지 느끼기 시작했다. 제자는 빠져나갈 방법을 찾지 못하면 꼼짝없이 죽겠구나 싶었다. 온몸에서 힘이 빠지며 제자가 포기하려는 순간 소크라테스가 제자를 물 위로 끌어올린 뒤 놓아주었다. 그러고는 가쁜 숨을 몰아쉬며 헐떡이는 제자를 강가로 데리고 나와 자리에 앉혔다. 마침내 소크라테스는 제자를 쳐다보며 모든 지식의 비결을 털어놓았다. "아까 자네가 물에 빠졌을 때 공기를 간절히 원했던 것만큼 지식을 갈망한다면 얻게 될 걸세."

살다 보면 누구나 어려움을 만나게 된다. 이러한 어려움을 뚫고 나가도록 해주는 연료가 바로 진정한 욕망이다. 뒤집어 말하면, 진정한 욕망이 부족한 사람은 삶의 어려움에 직면할 때 계속 나아갈 수 있는 연료를 얻지 못한다. 성공 철학의 대가 나폴레온 힐이 《생각하라 그리고 부자가 되어라》에서 강조하듯 '불타는 욕망'은 성취의 전제 조건이다.

 자네가 물에 빠졌을 때 공기를 간절히 원했던 것만큼 지식을 갈망한다면 얻게 될 걸세."

— 소크라테스

욕망을 온도 조절 장치처럼 생각하면 이해하기 쉽다. 겨울철 온도를 21도에 맞춰 놓으면 실내 온도는 그 이상으로 올라갈 수 없다.

더 따뜻하게 지내고 싶다면 방법은 하나다. 온도를 21도보다 높게 재설정하면 된다. 이렇게 설정 온도를 높인 다음에야 이 환경에 포함된 모든 것이 이 새로운 기준을 충족시킬 수 있다. 그런데 온도 조절 장치를 꺼놓고선 자신이 왜 추워서 벌벌 떠는지 이해하지 못하는 사람이 많다. 욕망도 똑같다. 더 높은 수준의 결과를 얻고 싶다면 욕망의 수준부터 끌어올려야 한다. 최저 온도를 높게 설정해야만 다시는 그 아래로 내려가지 않을 수 있다.

▎산소를 갈구하듯 성공을 갈망하라

가끔 우리는 모든 것을 집어삼킬 만큼 강렬한 욕망을 불태우는 것이 아니라 무언가를 모호하게 바란다. 이것은 무관심의 상태와 같다. 무언가를 성취하면 좋겠다고 생각만 할 뿐 못 견딜 정도로 그것을 갈망하지는 않는다. 있으면 좋지만 없어도 그만이라는 이런 사고방식에서 하루빨리 벗어나야 한다. "그렇게 되면 좋겠다."가 아니라 "무슨 수를 써서든 그 일은 꼭 해내고야 말거야."라고 말해야 한다. 무관심의 덫에 빠지지 않으려면 깊이 갈망하라. 욕망은 과유불급이 아니라 다다익선이다. 성공을 지나칠 정도로 갈망하는 비이성적 욕망을 갖는 것이 절대적으로 중요하다는 뜻이다.

물에 빠져 숨이 막힐 때 산소를 갈망하듯 성공을 갈구하라. 숨이 막히면 산소를 막연히 원하는 것이 아니라 절실하게 필요로 한다. 이제 우리에게 성공은 단순한 원츠가 아니라 절박한 니즈다. 이것이 바로 욕망의 힘이요, 무관심을 치유하는 최고의 무기다.

그렇다면 무언가에 대한 단순한 원츠를 불타는 욕망으로 전환시키려면 어떻게 해야 할까? 원하는 그것을 성취하면 어떤 기분일지 가급적 생생하게 상상하는 것이 가장 효과적이다. 적어도 내가 아는 선에서는 그렇다.

욕망은 과유불급이 아니라 다다익선이다."

— **필자**

쉬운 예를 보자. 당신이 오랫동안 꿈꾸던 집을 사고 싶다고 하자. 새 집의 현관문을 열면, 현관에서 집 내음을 들이키면, 당신의 발자국 소리가 천장 높은 전실前室에 울려퍼지는 소리를 들으면, 당신이 대리석 바닥을 내디딜 때 나는 구두 소리를 들으면, 어떤 기분이 들지 상상해보라. 이런 구체적인 상상은 아주 놀라운 힘을 지니고 있다. 막연하게 언젠가는 꿈꾸던 집을 갖겠다는 목표를 정하는 것과는 하늘과 땅 차이다.

이처럼 원하는 목표를 달성할 때의 기분을 진짜처럼 미리 생생하게 느껴보는 것은 막연하게 바랄 때보다 이 목표에 대한 훨씬 깊은 갈망을 생성시킨다. 이왕 시작한 김에 현실감을 더해보자. 이 기분을 직접 체험할 수 있도록 부동산 중개인에게 요청해 꿈의 집을 직접 둘러본다고 상상하라. 내 말이 무슨 뜻인지 이해했을 걸로 믿는다.

당신의 욕망을 끌어올리기 위해 필요한 거라면 무엇이든 하라. 무관심의 함정이 아무리 강력해도, 이렇게 한다면 당신은 이 함정을 피할 수 있다.

KNOW OR DO NOT KNOW,

THERE IS NO TRY

알거나 모르거나, 둘 중 하나다

전문가를 놔두고 직접 하다 낭패 보는
무지 함정

자신이 삶에서 가장 열망하는 무언가를 성취하지 않으려 애먼 핑계를 대는 사람이 많다. '어떻게 하는지 모르겠어.'

이 뻔한 핑계가 바로 무지의 함정이다. 이 함정에는 놀라운 비밀이 있다. 동서고금을 떠나 모든 인류에게 이 핑계는 정당한 사유가 될 수 있다. 태어날 때부터 모든 것을 어떻게 하는지, 그 방법을 아는 사람이 있을까? 모름지기 인간은 태어날 때 딱 세 가지만 할 줄 안다. 시쳇말로 싸고, 빨고, 우는 것이다. 신생아는 맨몸으로 이 세상에 온다. 기술이나 지식, 나머지 모든 것은 후천적으로 배운다.

모든 사람의 시작점은 동일하다. 아무것도 모르는 무지의 상태로 출발한다. 이것을 본능적으로 이해하는 사람은 우리 모두가 같은 처지임을 잘 안다. 다행히도 배우고 싶은 마음만 있으면 거의 대부분을 배울 수 있다. 남들보다 쉽게 배우는 사람도 있고 다소 느린 사람도 있을 터다. 배움의 속도는 저마다 다르겠지만, 시간과 노력만 충분하다면 우리는 무엇이든 배울 수 있다.

'어떻게 하는지 몰라'는 행동하지 않기 위한 그럴듯한 핑곗거리일 뿐이다. 또한 빠져나갈 뒷구멍을 마련해두는 것이다. 우리는 무지의 함정을 반드시 피해야 한다. 자신은 배울 능력이 없다고 가정하는 태도에서 벗어나야 한다. 우리가 사는 지금 세상은 정보의 시대다. 오늘날 우리가 접근할 수 있는 정보와 교육의 양은 인류 역사상 가장 방대하다. 정보의 양이 과거 어느 때보다 풍부한 것을 넘어 무한할 정도다. 그뿐인가. 정보에 대한 접근성도 한계가 없다. 세상 어디에서든 인터넷에 접속할 수만 있다면, 인류가 축적한 모든 지식에 자유롭게 접근할 수 있다.

가령 구글은 모든 출판 도서를 디지털화해서 온라인으로 제공하기 위해 노력한다. 우리는 분야를 막론하고 전문가의 강의와 교육 프로그램에 참여할 수 있다. 방법을 알고 싶으면 유튜브에서 하우투 영상을 찾으면 된다. 이뿐만 아니라 고도로 전문화된 교육 강좌, 책, 훈련 프로그램도 우리에게 활짝 열려 있다. 무엇보다 핵심은 이 모든 것이 간단한 검색만으로 가능하다는 사실이다. 이러니 이제부터 모른다는 핑계는 접어둬라.

무지의 함정에 갇혀 있다면 지금부터 짧은 좌우명 하나를 이마에 문신처럼 새기자. "나는 방법을 알아낼 능력이 있다." 이것이 얼마나 효과적인 솔루션인지 내 개인적인 경험이 말해준다. 온라인으로 수익을 창출할 방법을 찾아 고군분투하던 초창기 시절의 이야기다.

시선을 돌리는 곳마다 내가 배워야 할 새로운 기술이 있는 것만 같았다. 나는 판매자 계정merchant account을 생성하고, 검색 엔진 최적화search engine optimization, SEO를 공부했다. 세일즈 퍼널을 구축하고, 광고 문구를 작성하고, 오퍼를 만들고, 강좌를 개설하고, 동영상 프레젠테이션 기술까지 익혀야 했다. 이게 다가 아니다. 브랜딩, 제품 디자인, 채용과 해고, 팀 협업, 위임 등에 대해서도 어느 정도 지식을 갖추어야 했다. 이 외에도 필요한 일은 끝이 없었다. 배울 것이 너무 많아 몸이 열 개라도 모자랄 지경이었다. 하지만 나는 마침내 어떤 요령을 터득했고 상당히 만족스러운 결과를 얻었다.

▎자신의 차선을 지켜라, 나머지는 전문가에게 맡겨라

내가 모르는 것이 있을 때는 두 가지 선택지가 있었다. 하나는 내가 직접 그 방법을 배우는 것이었다. 그런데 이 접근법에는 근본적인 문제가 있었다. 내가 쓸 수 있는 시간이 제한적이라는 문제가 걸림돌이었다. 한마디로 말해 필요한 기술들을 전부 배울 시간이 부족했다. 다른 선택지는 내게 필요한 기술을 이미 보유한 사람을 찾아 맡기는 것이었다. 나는 내가 모든 것을 다 알아야 할 필요가 없음을 깨달았다. 덕분에 내가 모든 것을 완벽히 습득해야 한다고 생각하는 함정도 피할 수 있었다. 나는 정보에 대한 접근성이란 곧 전문가들에 대한 접근성이라는 것을 이해했다.

파이버Fiverr 또는 업워크 같은 프리랜서 중개 플랫폼을 방문해보라. 저임금의 고학력 인력이 가득하다. 이들 웹사이트에서는 대학원까지 졸업한 아시아 지역의 프리랜서를 시간당 5달러의 비용으로 고용할 수 있다. 심지어 스타벅스의 바리스타 급여보다 더 적은 비용으로 인도의 박사 학위 소지자에게 일을 맡길 수 있다.

오늘날 인간 자본은 공급 과잉 상태이고, 기쁜 마음으로 도움을 줄 수 있는 사람이 넘쳐난다. 우리가 필요로 하는 도움이 무엇이든, 이들은 아주 적은 보수를 받고 우리를 도와줄 수 있다.

사람들은 늘 내 비즈니스에 관해 묻지만, 정작 나는 그런 질문에 어떻게 대답해야 할지 잘 모르겠다. 사람들이 내게서 무엇을 알고 싶어 할지 뻔하다. 내가 구축한 세일즈 퍼넬, 좋은 광고 문구 작성법, 멋진 광고 영상 편집법 등과 관련해 구체적이고 세부적인 내용을 알고 싶을 터다. 하지만 내 대답은 들으나 마나다. "잘 모르겠습니다."

나만이 독점하고픈 영업 비밀이라서? 아니다. 진짜 몰라서다. 왜 모르냐고? 내가 직접 하지 않았으니까. 나는 경제적인 여건이 허락하는 한도 내에서 최고의 전문가를 찾아 일을 맡겼다. 무지한 것처럼 보일지도 모른다. 사실 이것은 엄밀히 말하면 선택적 무지다.

내가 존경하는 영웅 중 한 명은 '자동차의 왕' 헨리 포드다. 포드가 세상에서 가장 지적인 사람이 아니라는 것은 비밀이 아니다. 지역 신문들은 정규 교육을 거의 받지 못한 포드가 무식하다는 비방 기사를 수차례 냈을 정도였다. 한번은 인터뷰 중에 포드를 함정에 빠뜨리기 위해 기자가 일부러 모호한 질문들을 퍼붓기도 했다. 이에 포드는 팩폭을 날리며 응수했고 기자의 코를 납작하게 만들었다.

"내가 지시만 하면 직원들이 대답을 들고 달려올 텐데 내가 이 모든 것을 알아야 할 이유가 무엇인지 말해보시오." 헨리 포드는 자기 차선을 지키는 것, 자신이 잘하는 분야에 집중하는 것이 얼마나 중요한지를 이해했다. 다시 말해 자신을 대신해서 일할 사람이 있다면, 굳이 스스로 나설 필요가 없음을 간파한 것이다.

KILL
YOUR
TV

텔레비전을 죽여라

시간 낭비로 시간에 허덕이는
시간 부족 함정

"시간이 없어." 사람들이 입에 달고 사는 말이다. 사람들은 언제나 거대한 이 불구덩이 속에 제 발로 들어간다. 이것은 말 같지도 않은 구차한 변명이다. 여기서 하나 짚고 넘어가자. 세상에 시간이 있는 사람은 없다. 은퇴자나 재소자 혹은 경제적인 독립을 이룬 사람이 아니라면, 아침에 눈 떴을 때 하루 종일 아무 할 일이 없는 사람은 없다.

| 시간이 부족하다는 것은 거짓말이다

시간이 있는 사람과 시간이 없는 사람의 차이는 알고 보면 한 끗

차이다. 시간이 있는 사람은 '그 시간을 스스로 만든다'. 반면 시간이 없는 사람은 불필요한 일에 한없이 시간을 낭비한다. 평범한 사람의 하루는 수많은 활동으로 채워지고 이러한 활동 모두가 선택의 문제다. 자신이 휴대전화를 얼마나 많이 사용하는지 혹은 소셜미디어를 얼마나 자주 들락거리는지 인지하지 못하는 사람이 많다. 매주, 아니 매일 밤 넷플릭스나 바보상자에 얼마나 많은 시간을 헌납하는지 아는가? 우리는 이에 대해 깊이 생각하지 않는다.

자신의 꿈을 이루기 위해 한두 시간 일찍 일어날 수도 있다. 하지만 대부분은 그럴 가능성조차 고려하지 않는다. 우리는 출근길에 오디오북을 청취하지 않기로 선택하고, 점심시간을 활용해 공부하지 않기로 선택한다. 자동 소득원을 구축하는 데 온전히 전념하기 위해 하루 겨우 몇 시간 휴대전화를 비행기 탑승 모드로 설정하는 것조차 인색하기 짝이 없다. 결론적으로 말해, 우리는 자신의 꿈을 실현하는 데 필요한 시간을 만들려고 가열차게 노력하지 않는다.

시간을 만드는 것에 대한 본보기가 필요한가? 내가 일상에서 어떻게 시간을 만들었는지 이야기해보겠다. 어느 날 밤이었다. 내가 본업 이외의 시간을 보내는 모든 장소를 꼼꼼하게 살펴보았다. 그리고 종류를 떠나 내가 자유 시간을 보내는 모든 활동을 목록화했다. 소셜미디어를 기웃거리던 시간, 쇼프로그램들을 스트리밍하는 시간은 물론이고 데이트하는 시간(당시 나는 결혼 전이었다)까지 전부 포함시켰다.

목록을 작성하니 내가 근무 외 시간을 어떻게 쓰는지 명확하게 드러났다. 사람들을 만나고 행사를 계획하고 해변으로 놀러가고 당일치기 보트 여행을 하며 시간을 보냈다. 끝없이 뉴스를 찾아보는 것도 내 취미 중 하나였다. 솔직히 일하고 잠자는 시간을 빼면 내 모든 시간은 무수히 많은 활동이 잠식했다. 나는 이러한 활동을 빠짐없이 기록했다.

| 시간 먹는 하마, 비필수적 활동 모두를 쳐내라

지금부터가 진짜다. 나는 앞의 목록에서 100만 달러를 벌기 위해 기꺼이 포기할 수 있는 활동에 동그라미를 쳤다. 결과는 어땠을까? 식사 하나만 빼고 전부 포기할 수 있는 활동이었다. 나는 외식을 포기했다. 시간을 만들기 위해 삶에서 비필수적인 모든 활동을 가차 없이 쳐냈다.

시간 먹는 하마와의 싸움에서 승리하려면 특단의 조치들이 필요했다. 예전의 습관들을 쉽게 할 수 없도록 상황을 의도적으로 만드는 것도 그중 하나였다. 보통은 퇴근 후의 저녁 일과가 뻔했다. 저녁을 먹은 뒤 소파에 널브러져 잠이 올 때까지 TV를 보며 빈둥거렸다. 나는 이런 생활을 절대 되풀이하지 못하게 초강수를 둬야 했다. 방법은 하나뿐이었다. 넷플릭스 계정을 해지하는 것은 당연했고 아예 텔레비전을 다락에 처박아두기로 했다.

마음먹은 이상 당장 실행에 옮겼다. 텔레비전 전원을 뽑아 2층 다락방 한쪽 구석에 갖다 놓고 아예 담요까지 뒤집어씌웠다. 나는 100만 달러를 벌 때까지 다시는 TV를 보지 않겠다고 단단히 결심했다. 이왕 시작한 일이니 고삐를 더욱 죄기 위해 100만 달러를 벌 때까지는 TV를 볼 자격조차 없다고 스스로를 채찍질했다. 이번만큼은 내 안의 브라이언을 확실하게 제압할 작정이었다. 이렇게까지 할 가치가 있었을까? 물론이다. 스스로에게 이만큼 가혹하지 않았다면 지금의 내가 존재할 수 있을까? 그랬다면 지금의 나는 없었으리라 생각한다.

당연히 쉽지 않았다. 습관이란 참으로 무서웠다. 저녁이면 무심코 거실로 발걸음을 옮겼다가 그제야 TV가 없다는 것을 알고 아차 했던 적이 한두 번이 아니었다. 매번 이것은 내가 일을 해야 한다는 사실을 일깨워주었다. 더러는 밤 9~10시까지 두어 시간 부업에 매달린 적도 있었다. 예전이라면 멍하니 바보상자나 소일거리로 낭비했을 시간에 말이다.

인내는 쓰고 열매는 달다고 했던가. 이런 혹독한 노력은 엄청난 결과로 돌아왔다. 나는 비필수적인 활동을 포기함으로써 생긴 1분 1초까지 내 '부캐'에 오롯이 투자했다. 내가 특별하고 대단한 사람이어서 그랬던 게 아니다. 다만 목표를 달성하기 위해 대가를 기꺼이 지불할 마음이 있었을 뿐이다. 대가 역시 특별한 것이 아니었다. 지금 당장 내가 원하는 무언가를 포기하는 것이 대가였다. 나는 불편함이 나를 더욱 강하게 채찍질할 거라는 믿음으로 나를 가능한 한 불편하게 만들었다. 이제 당신에게 묻고 싶다. 당신은 정말 시간이 없는가?

FORGET THE HUSTLE AND FOCUS ON FLOW

'노력=성공' 공식을 잊어라,
현금흐름에 집중하라

부의 바다를 두고 부업의 늪에 뛰어드는
사이드 허슬 함정

　　몇 달 전 나는 비즈니스 콘퍼런스 참석차 플로리다주 올랜도를 방문했다. 공항에서 짐을 찾아 우버 차량을 호출하고 승차 지점에서 기다렸다. 몇 분 안 돼서 파란색 토요타 캠리가 다가왔고 말쑥하게 차려입은 30대 중반의 운전자가 내렸다. "안녕하세요, 브라이언 씨죠? 저는 제이슨입니다." 그는 한치의 머뭇거림도 없이 무거운 내 여행 가방을 번쩍 들어 트렁크에 실은 뒤 내게 차에 타라고 권했다. 우리는 고속도로 방향으로 공항을 빠져나오며 무덥고 습한 플로리다 날씨를 주제로 잡담을 나누었다. 그런 다음 내가 올랜도를 방문한 목적을 설명했고 우리 대화는 자연스럽게 일로 옮겨갔다. 나는 그에게 우버 기사가 본업인지 물었다. 제이슨은 몇 년간 평범한 정규직으로 일하다가 변화가 필요해서 그만두었다고 했다. 하루 중 아무 때나 자신이 원하는 시간에 원하는 만큼 일할 수 있고 상사가 없어서 우버 기사를 선택했다는 것이다.

나는 그에게 아주 간단한 질문을 하나 던졌다. "제이슨, 우버 기사로 일하며 내년에 올해보다 열 배 더 벌 수 있을까요?" 그는 잠깐 아무 말이 없었다. "그렇게만 되면 좋겠지만, 언감생심이죠." 내 딴에는 그를 도와주고 싶은 순수한 마음에서 꺼낸 말이었는데, 그는 내가 실없는 소리를 한다는 듯 웃었다. "내년에 열 배 더 버는 방법은 모릅니다. 다만 1주일에 6일이나 7일 밤낮없이 운전대를 잡으면 대략 7만 달러를 벌 수 있다는 건 압니다. 적은 돈이 아니죠."

"대단합니다." 나는 일단 맞장구를 쳐주었다. "우버 기사로 일하는 지금이 예전 직장에 다닐 때보다 자유 시간이 더 많고 돈도 더 번다는 말씀이군요. 그런데 이 일이 궁극적으로는 당신을 어디로 데려갈까요? 끊임없이 죽어라 일하지 않고도 많은 돈을 벌 수 있는 방법이 있다면 어떨까요? 늘 운전대를 잡지 않아도 된다면 자유 시간에 당신은 무엇을 할 건가요?"

이제 그는 약간 혼란스러운 눈빛으로 나를 쳐다보았다. "그런 방법이 있다고 치죠. 그래서 저더러 뭘 어떻게 하라는 겁니까?"

"당장은 우버 기사 일을 계속하면서 다른 소득원을 찾아보세요. 자동으로 소득이 발생하면 좋겠지만 반자동 소득원도 괜찮습니다. 차차 기사 일을 줄이고, 대신 훗날 돈줄이 될 무언가를 구축하는 데에 시간을 더 많이 투자할 수 있을 겁니다. 마침 우버 운전은 근무 시간이 탄력적이어서 둘 다 쉽게 할 수 있으니 안성맞춤이죠. 다시는 부업 따위가 필요 없도록 다양한 자동 소득원을 만드는 방법은 제가 알려드릴 수 있어요."

그는 눈을 도로에 고정한 채 예의상 고개를 끄덕였다. 마침 그때 그의 휴대전화에서 호출음이 났다. 그는 자신의 인생이 달라질 수도 있는 내 조언보다 새로운 호출 요청에 관심이 더 많은 것 같았다. 나는 20분 후 호텔에 도착해 여행 가방을 챙기면서 그에게 감사 인사를 했다. 그가 출발한 뒤에도 내 머리에서는 그가 일원이 될 수도 있었을 훨씬 더 큰 세상에 대한 생각이 떠나지 않았다.

하지만 평양 감사도 저 싫으면 그만이다. 더 넓고 멋진 그 세상은 그가 긱 경제^{Gig Economy}* 와 긱 노동자 사고방식에서 벗어나지 않는 한 절대 발을 들일 수 없는 세상이다.

| 비가 오나 눈이 오나
노동력에 의존하는 부업의 한계

사이드 허슬은 사전적인 의미로 주 소득원과는 별도로 부가 소득을 창출하는 수단을 전부 아우르는 용어다. 만약 당신이 본업으

---

* 기업이나 사용자가 정규직을 채용하는 대신 단기 임시직을 고용해 필요한 업무를 처리하는 경영 활동을 의미하며 공유 경제의 일종이다.

로 충분한 돈을 번다면 굳이 부업이 필요할까? 부업은 아무리 좋게 말해도 상처에 반창고를 붙이는 것 같은 임시 소득일 뿐이다. 내가 좋아하는 소득 유형은 내가 일하든 안 하든 무관하게 지속해서 발생하는 소득이다.

부업은 자신과 자신이 제공하는 노동력에 전적으로 의존한다는 사실을 잊지 말자. 이것은 확장성이 없고 잠재 소득을 무한히 창출할 가능성 역시 제로다. 또한 자신의 노력에 100퍼센트 의존하기 때문에 자동화할 수도 없다. 그렇다면 사이드 허슬이란 정확히 무엇일까? 그저 '부업'을 그럴싸하고 있어 보이게 포장하는 말일 뿐이다.

내가 사이드 허슬의 생태계와 관련해 정말 열 받는 것이 하나 더 있다. 정말이지 아주 중요하니 잘 생각해보라. 사이드 허슬을 제공하는 기업은 두 가지 제품을 판매한다. 첫 번째는 서비스다. 우리 집까지 음식이 식기 전에 배달해주거나 이동할 때 우리의 발이 되어준다. 이들 기업이 판매하는 또 다른 제품은 기회다. 기회라는 제품이 없다면 긱 경제의 동력인 수백만 명의 긱 노동자를 모집할 수 없다.

둘 중 어느 제품으로든 긱 기업들은 소비자들을 그리고 긱 노동자들을(다른 말로 사이드 허슬러들) 끌어들이는 재주가 아주 탁월하다. 반면 모든 소비자는 긱 기업 창업자들의 배를 불려주며 그들을 갑부로 만들어주는 데 일조한다. 사이드 허슬에 몸담는 긱 노동자들도 결국 이런 일자리를 만든 사람들을 위해 일한다.

장기적으로 보면 사이드 허슬은 패시브프러너와 정반대되는 개넘이다. 패시브프러너란 돈을 더 많이 버는 것이 아니라 현금흐름과 관련 있다. 패시브프러너는 열심히 일하는 것이 아니라 일을 적게 하는 것이 핵심이다. 이와 달리 사이드 허슬은 엄밀히 말하면 당신의 직업 중 하나다. 자유롭다는 환상을 주지만, 이는 착각이다. 사이드 허슬은 우리가 진정한 자유를 얻기 위해 필요한 것과는 거리가 멀다. 사이드 허슬은 패시브프러너가 되는 여정에서 잠시 머무는 정류장이어야지, 최종 목적지가 되어서는 절대 안 된다.

사이드 허슬에 목매는 사람이 있다면 나는 도시락 싸 들고 다니면서 말리고 싶다. 다양한 자동 소득원을 구축하는 방법을 진정으로 이해하게 된다면 어째서 사이드 허슬을 시작하지 말라며 극구 말리는지 더 정확히 이해할 수 있다.

다양한 자동 소득원을 만드는 것은 장거리 레이스가 아니다. 일단 여러 현금흐름이 만들어지면 소득이 중복해서 발생한다. 패시브프러너는 이 사실을 알기에 꿀잠을 잘 수 있다. 무엇보다 자동 소득원이 많을수록 그중 하나가 초대박을 쳐서 우리를 슈퍼리치로 만들어줄 가능성이 높아진다. 이것 하나만으로도 자동 소득원을 다각화해야 하는 이유는 충분하다.

어느 구름에서 비가 올지 모르니 가급적 많은 구름을 띄워라. 이외에도 사이드 허슬러가 아니라 패시브프러너가 되어야 하는 이유는 많다. 사이드 허슬의 환상을 버려라. 대신에 패시브프러너가 돼라.

삶에서 마주치는 모든 사건과 사람이
당신의 성공을 바란다

나는 몇 년간 자동 소득을 창출하는 것에 온 신경을 집중하며 치열하게 살았다. 이런 경험을 통해 나는 한 가지를 확신하게 됐다. 우리 모두 영원한 자유를 실현시켜주는 경제적 자립을 이룰 수 있다는 것. 이는 물질적인 원츠를 성취하는 것에 더해 영적·정신적·감정적으로 자신에게 필요한 니즈를 충족시킬 수 있다는 뜻이다.

공은 이제 당신에게 넘어갔다. 모든 것은 당신의 결정에 달렸다. 패시브프러너가 되기 위해 필요한 것은 무엇이든 하겠다고 다짐하라. 빠른 시일 안에 결과를 달성하지 못하더라도 포기하지 않겠다고 마음을 다잡아라. 꺾이지 않는 마음을 장착해야 한다. 당신이 창출할 수 있는 소득에 한계가 있다는 생각을 버려라. 돈을 위해 남은 생을 포기해야 한다는 생각도 더는 하지 마라. 이 책에 당신을 가로

막는 아홉 가지 함정을 소개했다. 그 함정의 제물이 되지 않겠다고, 각 함정에 대비해 철저히 준비하겠다고 결심하길 바란다.

패시브프러너의 세상을 요모조모 꼼꼼하게 탐험했다. 이제 당신은 패시브프러너가 되기 위해 필요한 모든 것을 배웠고 이해하게 되었다. 이 중 하나라도 제대로 실행한다면 당신의 삶은 바뀔 수 있다. 하늘도 스스로 돕는 자를 돕는다고 하지 않던가.

당신 삶의 모든 사건과 사람들이 당신의 성공을 바란다고, 더 나아가 든든한 조력자가 될 거라고 믿어라. 스스로 믿고 긍정의 기운을 불러들이면 많은 기회가 당신을 찾아오게 되어 있다. 그러니 당신이 할 일은 이러한 기회를 붙잡아 비상하는 것이다. 경외심으로 우러러보는 사람들의 눈빛을 상상하라. 당신이 패시브프러너로서 성공 신화를 써 내려가는 동안 사람들은 부러움에 넋을 잃고 쳐다볼 것이다. 언젠가 당신과 나의 인생 경로가 교차하기를, 그래서 당신에게서 성공담을 직접 들을 날이 오기를 기대해본다.

인생은 짧고 당신의 시간은 귀중하다. 패시브프러너 세상으로의 여행에 귀한 시간을 내주어 진심으로 감사한 마음이다.

당신의 가장 열렬한 팬으로부터
브라이언

이 책에는 당신이 패시브프러너로 살아갈 여정에서 다음 단계로 나아가는 데 유용한 아이디어가 가득하다. 이러한 아이디어 말고도 패시브프러너의 여정에 도움이 되는 더 많은 자원이 필요한 사람을 위해 마지막으로 선물 하나를 주려 한다. 최신 정보와 자원을 제공하려면 웹사이트에 올려 규칙적으로 업데이트하는 것이 가장 좋은 방법이다. 나는 추천 자동 소득원 목록, 성공한 패시브프러너에 대한 사례 연구, 다운로드할 수 있는 PDF 파일 등등을 모아 내 웹사이트에 올려두었다. www.dontstartasidehustle.com/resources를 방문하면 이러한 정보를 모두 볼 수 있다. 부디 원하는 정보를 찾기 바란다.

감사의 글

이 책을 집필한 시간을 돌아보면 '모르면 용감하다'는 말이 새삼 실감난다. 원고 집필을 처음 시작했을 때 나는 책을 쓰는 것이 얼마나 지난한 일인지 상상조차 하지 못했다. 집필 과정에서는 물론이고 지난 몇 년간 도움을 준 이들이 없었다면 이 책은 세상에 나오지 못했을 것이다.

먼저 스티븐 스나이더Steven Snyder에게 고개 숙여 감사한다. 나는 저작권, 마케팅, 오퍼 등에 관해 거의 모든 것을 스나이더에게서 배웠다. 이제와 하는 고백이지만, 스나이더는 내 막후의 비밀 병기다. 또한 내가 온라인에서 터뜨린 첫 번째 만루홈런의 일등 공신이다. 앞으로도 계속 내 '브레인'이 되어주시길.

내가 눈을 감는 순간까지 감사해야 할 사람이 있다. 이 고마운 사람은 내가 아는 가장 현명한 사람에 포함된다. 모하메드 알리 Mohammed Ali는 내 삶을 더욱 가치 있게 만들어줄 뿐 아니라 내가 안이한 생각에서 벗어나 더 크게 생각하도록 이끌어주었다. 내 사랑하는 친구여, 정말 고맙다.

비앤비포퓰러BNBF의 팀원 모두는 내 가족이다. BNBF의 판매 부문을 홀로 책임지며 일당백을 하는 영업맨 브래드 브랜든^{Brad Brandon}에게 큰절을 올린다. 형제여, 사랑한다. 다음으로 내 감사를 받을 사람은 다이앤 스포츠^{Daine Spotts}다. 우리 둘은 매주 도돌이표 같은 실랑이를 한다. 나는 입이 닳도록 쉬라고 말하고 스포츠는 내 말을 못 들은 척한다. 스포츠의 사전에는 휴식이라는 단어가 아예 없다. 라이언 가넘^{Ryan Garnhum}도 내 감사를 받을 자격이 넘친다. 가넘이 있기에 BNBF가 매일 순조롭게 돌아간다. 게다가 그는 한 번도 나를 실망시킨 적이 없다. BNBF의 더할 나위 없는 홍보 전문가 크리스틴 헤이즈^{Kristen Hayse}에게도 진심으로 감사한다. 첫날부터 지금까지 누적 매출액 수백만 달러를 달성한 세계 최고의 제휴 매니저다. 초창기 멤버로 이제는 내 절친 중의 절친인 블레이크 누바^{Blake Nubar}는 한마디로 보석이다. 누바가 영원히 '찐 비앤비-맨'일 거라는 데 내 전부를 걸 수 있다. 어이, 친구! 내가 얼마나 고마워하는지 알지?

투마켓미디어^{2 Market Media²} 팀원 모두에게도 큰 신세를 졌다. 그라지 미라빌^{Grazi Mirabile}, 머세이디스 랜들^{Mercedes Randall}, 앨리 월시^{Ally Walsh}, 행크 노먼^{Hank Norman} 등등. 콜린 머리^{Colin Murray}와 미셸 로즈^{Michael Rose}를 포함해 디지털 마케팅 대행사 점프450^{Jump 450}의 모든 구성원도 내 든든한 지원군이었다. 내 제품과 서비스를 홍보하고 또한 자신의 이메일 혹은 소셜미디어 구독자들에게 내 제품과 서비스를 제공할 수 있는 영광을 주었던 모든 이에게 진심으로 감사드린다.

스티브 칼리스^{Steve Carlis}에게 특별한 감사를 전한다. 칼리스가 길을 닦아주지 않았다면 작가 데뷔는 엄두도 내지 못했을 것이다. 칼리스, 당신에게서 시작했으니 이 책은 당신의 책입니다. 고맙습니다.

내가 온라인 마케팅에 관해 문외한이었을 때 나를 도와준 은인이 있다. 세상에서 가장 너그러운 마음을 가진 악바르 셰이크에게 큰절을 올린다. 결과에 연연하지 않는 방법, 리더가 되는 방법, 궁극적으로는 내 삶을 바꾸는 방법을 가르쳐준 브렌트 스미스Brent Smith, 내가 아는 최고의 마당발에 비즈니스 귀재인 스티브 하워드Steve Harward, 내가 아는 가장 멋진 인터넷 마케팅 전문가들인 폴 게터Paul Getter와 제임스 스타James Starr에게 이 지면을 빌려 감사를 전한다.

코치, 컨설턴트, 강좌 크리에이터 등의 일을 도와주는 에이펙스Apex의 경영진과 영업팀 모두 고맙고 또 고맙다. 여러분은 세계적인 수준을 넘어 명실상부 세계 최고다. 당신들 모두 승자다. 특히 이 최강팀을 이끄는 두 리더 케일럽 매딕스Caleb Maddix와 라이언 오도널Ryan O'Donnell에게 마음 깊이 우러나는 감사를 보낸다. 두 사람 모두 BNBF에는 강력한 추진력을, 내게는 삶과 비즈니스에 대한 뜨거운 열정으로 매일 영감을 준다.

세계 최고의 고객 상담사들이 있다. 세일즈 컨설팅 서비스를 제공하는 아이오컨소시엄IO Consortium과 에이펙스의 모든 임직원이 그들이다. 누구보다 스테펀 핀시아스Stefan Fincias와 맬러리 골드Mallory Gold에게 심심한 감사를 표한다. 케일럽 매딕스와 라이언 오도널은 매우 어린 나이에 엄청난 성공을 거두었다. 온라인 마케팅에 나보다 더

327

많은 열정과 에너지를 쏟아붓는 두 사람에게 고맙다는 말을 하고 싶다. 누구든 월 10달러의 구독료로 최고의 서비스를 누릴 수 있다.

이 책을 BNB 코칭팀에게 바친다. 우리 커뮤니티는 코치 여러분 덕분에 날마다 진정한 가치를 더해 간다. 내가 여러분 각자를 친구로 생각한다는 것을 꼭 알아주길 바란다. 브래드 딜러드Brad Dillard, 할 윌커슨Hal Wilkerson, 저스틴 퀄큰부시Justin Qualkenbush, 알렉스 자보Alex Jarbo, 애리 와이마이Ari Ymy, 가운을 걸치고라도 반드시 영상 통화에 응하는 실질적인 상사 수 조던Sue Jordan 당신들 모두에게 깊은 감사를 전한다.

하퍼콜린스리더십과 저작권 대행사 듀프리밀러Dupree Miller의 모든 임직원 그리고 왕초보 작가인 내게 책 쓰는 방법을 '속성 과외'해준 편집팀에게 고개 숙여 감사를 전한다. 특히 잰 밀러Jan Miller, 세라 켄드릭Sara Kendrick, 알리 코민스키Ali Kominsky, 롤리 스핀들러Lolly Spindler, 아레스티아 로젠버그Arestia Rosenberg, 린다 에이릴라Linda Alila 등에게 고마움을 전한다. 여러분이 없었다면 이 책은 절대 세상의 빛을 보지 못했을 것이다.

사랑하는 어머니, 아버지가 우리 곁을 떠난 지도 벌써 1년이나 지났습니다. 그동안 우리의 시간은 속절없이 흘렀어요. 어머니는 예나 지금이나 저 자신보다 저를 더 믿어주시는 분입니다. 어머니, 당신은 언제나 저의 1순위예요. 맷Matt, 에머슨Emerson, 파커Parker, 사일러스Silas 모두에게 내 사랑을 보낸다. 작가로서 내가 영원히 발꿈치도 따라갈 수 없는 리즈Liz, 당신은 최악의 슬럼프를 맞아도 나보다 최소 두 배 더 뛰어난 천생 작가다.

내 평생의 사랑이자 아름다운 내 아내 재니엘리Janielly, 고맙고 감사하고 또 고마워. 이번 생에서 우리가 무일푼이더라도 가족이라는 축복과 선물을 받았으니 우리는 세계 최고 부자야. 우리 공주님들, 줄리아Julia와 애비Abbi야, 아빠 책이 나왔어. 잠자리 동화는 아니란다. 아직 너희들이 이 책을 읽을 수는 없겠지만 그래도 꼭 말하고 싶구나. 아빠는 우리 꼬마 숙녀들을 하늘만큼 땅만큼 우주만큼 사랑해.

마지막으로 멘토, 파트너, 개척자, 친구 등등 이제까지 내 여정의 일부가 되었던 모든 사람에게 이 지면을 빌려 감사의 마음을 전한다. 타이 로페즈Tai Lopez, 그랜트 카돈, 롤런드 프레이저Roland Frasier, 도미닉 흐레이브Dominic Hrabe, 켈리 개넌Kelly Gannon, 홀리 플릭Holly Flick, 제임스 스타, 폴 게터, 에밀리 렘Emily Rhem, 팀 브래츠Tim Bratz, 브랜던 피셔Brandan Fisher, 크리스 데이글Chris Daigle, 마이크 딜러드, 브레이던 로스Braydon Ross, 러셀 콕스Russell Cox, 더스틴 크룩스Dustin Crooks, 캐런 킹Karen King, 그레고리 웩슬러Gregory Wexler, 패트릭 리들Patrick Riddle, 피트 바거스Pete Vargas, 프랭크 컨, 딘 그라지오시Dean Graziosi, 데이브 갤러거Dave Galagar, 제리 콘티Jerry Conti, 러셀 브런슨, 토니 로빈스, 팀 페리스Tim Ferriss. 여러분 모두에게 진심으로 감사드린다.

소유자 — 당신이 매입하는 자동 소득원

- 배당주, 채권
- 주거용 부동산, 상업용 부동산
- 부동산 신디케이션, 부동산 투자 신탁real estate investment trust, REIT(투자자들의 자금을 위탁받아 부동산이나 부동산 관련 대출에 투자하고 이 부동산에서 발생하는 운용 혹은 매각 수익을 투자자들에게 배당하는 부동산 전문 뮤추얼 펀드)
- 상업용 부동산 펀드
- 지적 재산intellectual property, IP: 특허, 도메인, 상표, 데이터, 저작권
- 자동화 비즈니스: 주차장, 자동 판매기, 셀프 세탁방, 세차장, 광고판
- 연금 보험
- 전문 경영 체제가 구축된 기존 사업체
- 유한 책임 파트너십
- 인피니트 뱅킹infinite banking(저축성 종신 생명보험에 보험료를 납부하

면 이자를 포함해 현금이 누적되는데 이렇게 누적된 금액, 즉 캐시 밸류$^{cash\ value}$를 저축 계좌처럼 인출해 개인적인 자금으로 운용하는 것)

- 암호화폐: 스테이킹^{staking}(현금을 은행에 저축하듯, 암호화폐를 일정 기간 예치하고 정해진 이율에 따라 이자로 코인을 지급받는다. 또한 코인 평균 매수가와 상관없이 이자는 코인 수량에 따라 받는다.), 채굴 ^{mining}(암호화폐의 거래 내역을 기록한 블록을 생성하고 그 대가로 암호화폐를 얻는 행위), 이자 농사$^{yeild\ farming}$(코인 농사, 암호화폐 보유자가 대출 플랫폼 중 하나에 암호화폐를 예치해 다른 사용자에게 빌려주고 보상을 받는 것)

창조자 ─ 당신이 만드는 자동 소득원

- 구독료 기반 온라인 강좌 개설
- 블로그 운영(사전 노력): 여기서는 이메일 목록이 자산이 된다.
- 전자책 혹은 종이책 출판
- 애플리케이션 혹은 아마존의 인공지능 비서 알렉사^{Alexa}의 스킬^{skill}(아마존이 알렉사의 음성인식 활용도를 높이기 위해 다양한 제휴 사업자들이 참여하도록 제공하는 오픈 플랫폼 형태의 API와 도구들. 앱과 동일한 개념이다.)
- 사진 판매: 저렴한 가격으로 사진을 사고파는 스톡 사진 사이

트들에 사진을 올려라.

- 팟캐스트 운영: 어느 정도 활동이 필요하다.
- 소프트웨어 개발: 처음에는 다소간의 활동이 필요하고 나중에는 라이선스 형태로 제공하라.
- 인스타그램 또는 틱톡 스폰서십 게시물
- 콘텐츠 크리에이터 또는 인플루언서
- 라이선스 음악
- 엣시Etsy 같은 전자상거래 사이트들을 통한 디지털 디자인 파일 판매
- 커뮤니티 콘텐츠, 구독 기반 콘텐츠, 회원 전용 콘텐츠
- 브랜드 스폰서십
- 대체 불가능 토큰non-fungible token, NFT(블록체인에 저장된 데이터 단위로, 고유하면서 상호 교환할 수 없는 토큰)

통제자 ― 당신이 공유하거나 통제하는 자동 소득원

- 주택 공유: 에어비앤비, 브알비오, 홈어웨이Homeaway
- 제휴 마케팅
- 드롭시핑, 자가 상표, 맞춤형 소량 주문 인쇄print on demand, POD
- 소매 차익 거래retail arbitrage: 오프라인으로 특정 가격에 구매해

서 온라인을 통해 더 높은 가격으로 판매하는 것

- 미사용 혹은 유휴 공간 임대: 창고나 차고를 이웃에 임대하라.
- 사용 가능한 가정용품 임대: 도구, 잔디 깎는 기계, 캠핑 용품 등을 임대하라.
- 공유 경제: 자동차, 레저용 차량, 보트, 수영장 등을 공유할 수 있다.
- 자동차 광고
- 역모기지^{reverse mortgage}(주택 소유자가 보유 주택을 처분하거나 이사할 필요 없이 담보 가치에 근거해 대출을 받는 금융 상품)
- 네트워크 마케팅 혹은 다단계 마케팅, 직접 판매 혹은 직거래
- P2P 대출, 크라우드펀딩, 시드 펀딩^{seed funding}(초기 프로젝트 또는 비즈니스를 지원하기 위한 자금 조달로, 창업자들을 제외한 최초의 투자 금액), 소액 신용 대출
- 브랜드 스폰서십, 파트너십, 협업
- 아마존과 페이스북의 온라인 스토어
- 자동화된 트럭 화물 운송
- 유튜브의 수익화 비즈니스

이외에 더 많은 도구, 훈련 프로그램, 아이디어 등을 알고 싶다면 www.dontstartasidehustle.com에서 확인할 수 있다.

억만장자가 되고서도 계속 직장에 다닐까

1. Zack Friedman, "50% of Millennials Are Moving Back Home with Their Parents After College," *Forbes*, June 6, 2019, https://www.forbes.com/sites/zackfriedman/2019/06/06/millennials-move-back-home-college/?sh=98fd042638ad.

2. Elsie Chen, "These Chinese Millennials Are 'Chilling,' and Beijing Isn't Happy," *New York Times*, October 10, 2021, https://www.nytimes.com/2021/07/03/world/asia/china-slackers-tangping.html.

3. Donald Sull, Charles Sull, and Ben Zweig, "Toxic Culture Is Driving the Great Resignation," *MIT Sloan Management* Review, January 11, 2022, https://sloanreview.mit.edu/article/toxic-culture-is-driving-the-great-resignation/.

4. Marcus Lu, "These 3 Studies Point to the Mental Health Benefits of Working Less," World Economic Forum, February 19, 2020, https://www.weforum.org/agenda/2020/02/shorter-workweek-people-happier/.

5. Elle Hunt, "Japan's Karoshi Culture Was a Warning. We Didn't Listen," *WIRED*, February 6, 2021, https://www.wired.co.uk/article/karoshi-japan-overwork-culture.

6. Kari Paul, "Microsoft Japan Tested a Four-Day Work Week and Productivity Jumped by 40%," *The Guardian*, November 4, 2019, https://www.theguardian.com/technology/2019/nov/04/microsoft-japan-four-day-work-week-productivity.

쥐뿔도 모르면서 직접 하려고 나서지 마라

1. Michelle Fox, "Out of Work and Desperate: Here's What College Graduates Are Facing and What They Can Do About It," CNBC, April 15, 2021, https://www.cnbc.com/2021/04/15/what-college-graduates-can-do-about-being-out-of-work.html.

2. Brad Plumer, "Only 27 Percent of College Grads Have a Job Related to Their Major," *Washington Post*, May 20, 2013, https://www.washingtonpost.com/news/wonk/wp/2013/05/20/only-27-percent-of-college-grads-have-a-job-related-to-their-major/.

3. Elizabeth Redden, "41% of Recent Grads Work in Jobs Not Requiring a Degree," Inside Higher Ed, February 18, 2020, https://www.insidehighered.com/quicktakes/2020/02/18/41-recent-grads-work-jobs-not-requiring-degree.

4. Melanie Hanson, "Student Loan Default Rate," Education Data Initiative, December 19, 2021, https://educationdata.org/student-loan-default-rate#:~:text=An%20average%20of%2015%25%20of,loans%20enter%20default%20each%20year; Melanie Hanson, "Student Loan Debt Statistics," Education Data Initiative, March 1, 2022, https://educationdata.org/student-loan-debt-statistics.

옮긴이 | **김정혜**

한양대학교 화학과를 졸업하고 미국 필라델피아 커뮤니티칼리지에서 SLP 과정을 수료했으며 버지니아의 컬럼비아 칼리지에서 유아교육을 공부했다. 현재 바른번역 소속 번역가로 활동중이다. 옮긴 책으로는 《유연함의 힘》, 《얼굴 없는 중개자들》, 《최강의 조직》, 《실리콘밸리의 리더십》, 《부자의 사고법》, 《101가지 흑역사로 읽는 세계사 고대-근대 편》, 《101가지 흑역사로 읽는 세계사 현대 편》, 《앞서가는 조직은 왜 관계에 충실한가》, 《아마존처럼 생각하라》, 《긍정적 일탈주의자》, 《이제 우리의 이야기를 할 때입니다》, 《이젠 내 시간표대로 살겠습니다》, 《브로토피아》, 《아마존 웨이》 등이 있다.

소득혁명 : 당신의 자신이 스스로 일하게 하라

초판 1쇄 발행 2024년 12월 20일
초판 11쇄 발행 2025년 1월 16일

지은이 브라이언 페이지
옮긴이 김정혜

책임편집 이정아
마케팅 이주형
경영지원 강신우, 이윤재
제작 357 제작소

펴낸이 이정아
펴낸곳 (주)서삼독
출판신고 2023년 10월 25일 제 2023-000261호
이메일 info@seosamdok.kr

서삼독은 작가분들의 소중한 원고를 기다립니다. 주제, 분야에 제한 없이 문을 두드려주세요.
info@seosamdok.kr로 보내주시면 성실히 검토한 후 연락드리겠습니다.